新时代劳动教育与实践

主　审：王贵荣
主　编：李国荣　刘月梅
副主编：罗红芳　李永耀　景永强

北京理工大学出版社
BEIJING INSTITUTE OF TECHNOLOGY PRESS

版权专有　侵权必究

图书在版编目（CIP）数据

新时代劳动教育与实践 / 李国荣，刘月梅主编 . -- 北京：北京理工大学出版社，2023.2
ISBN 978-7-5763-2869-1

Ⅰ.①新… Ⅱ.①李… ②刘… Ⅲ.①劳动教育 - 研究 - 中国 Ⅳ.①G40-015

中国国家版本馆 CIP 数据核字（2023）第 168338 号

责任编辑：江　立　　　**文案编辑：**陈　玉
责任校对：周瑞红　　　**责任印制：**施胜娟

出版发行 / 北京理工大学出版社有限责任公司
社　　址 / 北京市丰台区四合庄路 6 号
邮　　编 / 100070
电　　话 / （010）68914026（教材售后服务热线）
　　　　　　（010）63726648（课件资源服务热线）
网　　址 / http://www.bitpress.com.cn

版 印 次 / 2023 年 2 月第 1 版第 1 次印刷
印　　刷 / 唐山富达印务有限公司
开　　本 / 787mm×1092mm　1/16
印　　张 / 12
字　　数 / 249 千字
定　　价 / 38.00 元

图书出现印装质量问题，请拨打售后服务热线，负责调换

编 委 会

主　审：王贵荣
主　编：李国荣　刘月梅
副主编：罗红芳　李永耀　景永强
顾　问：王忠良　林环周
主　任：白　珂
副主任：马一方　马福建
编　委：彭　庭　贺永梅　刘翠果　方志刚　韦　宇　严　陈
　　　　金　磊　位帅鹏　刘　硕　张宝谦　于登合　徐海朕
　　　　詹　桢　常　虹　郑淇元　张馨月　李鹏博　万　涛
　　　　包亚鑫　宗奎元　刘兴红　张开斌　徐志强　黄　勇
　　　　邓博文　徐　阳　王振新　王浩琦　胡　彬　曹雨薇

PREFACE

劳动是人类社会生存和发展的基础,是社会发展的重要条件,也是人类幸福生活的源泉。

2020年3月20日,中共中央、国务院发布《关于全面加强新时代大中小学劳动教育的意见》(以下简称《意见》),明确指出学校劳动教育的重要意义,并对新时代劳动教育作出全面部署。2020年7月,教育部印发《大中小学劳动教育指导纲要(试行)》(以下简称《纲要》),针对劳动教育是什么、教什么、怎么教等问题,进行具体的指导。

习近平总书记在第一次全国职业教育大会上明确提出:每一名当代大学生都应该树立重视劳动、尊重劳动的基本理念,让劳动成为一道最亮丽的风景线。高职院校担负着培养全面发展的高素质技术技能人才的社会责任。高职学生正处于世界观、价值观、人生观形成的"拔节孕穗"时期,网络自媒体的冲击,导致部分高职学生忽视劳动,不愿意参加劳动、不会劳动、不尊重劳动的现象频频出现。部分高职院校对劳动教育在职业院校人才培养中的重要性理解不深,导致学生对劳动价值没有正确的认识,被动参与劳动教育。

本书紧扣《意见》《纲要》等文件和习近平总书记的重要讲话精神,教育引导学生弘扬劳动精神、工匠精神,崇尚劳动、尊重劳动,同时围绕"德"的树立、"育"的方式,融入延安精神并推动思政课程与劳动教育课程协同发展、双向融合。从劳动教育的视角深入讲授马克思主义思想劳动本质,帮助学生树立正确的世界观、人生观、价值观;从思政教育的高度理解劳动的价值,激发学生热爱劳动、崇尚劳动、乐于劳动的内在动力,实现职业教育"德技并修"的培养目标。

本书以高等职业院校学生作为主要教育对象,以普及劳动科学理论知识、传承红色劳动精神、提升劳动实践技能等作为教育的主要内容,以讲清劳动道理为教育的着力点,旨在通过劳动教育弘扬劳动精神,促使学生形成良好的劳动习惯和积极的劳动态度,使学生树立正确的劳动观和价值观,切实体会到"生活靠劳动创造,人生也靠劳动创造"的道理,培养他们的社会责任感。将劳动融入校园日常生活、红色劳动教育、志愿者活动、农业生产和专业生产实践等,开展实践教学,使学生成为德智体美劳全面发展的社会主义事业建设者和接班人。

本书在编写体例上,以专题讲座、小组讨论、劳动技能竞赛、劳动成果展示等形式深化劳动精神、工匠精神、劳模精神；在模块和任务中设置了"案例导入""知识解读""延伸阅读""任务实施""任务评价"等环节，教师教学性和学生实践性强。课堂外开展专业实训、红色教育、创新创业教育、各类劳动实践等活动，加强劳动教育与实践，优化教学策略，在提高学生职业能力的同时，进行理论提升。

在教学过程中，结合本书的内容并依托各专业实践教学基地、创新创业实践教学基地和劳动教育实践基地，开展日常生活劳动、生产劳动和服务性劳动，理论与实践相结合，培养学生树立"劳动最光荣、劳动最崇高、劳动最伟大、劳动最美丽"的思想观念，使学生"爱劳动、会劳动、能劳动、惜劳动"，深刻理解劳动的价值意义、劳模精神的时代内涵和实践指向，掌握创新劳动的概念，感受创新劳动对推动人类社会进步的重要作用。

本书结构完整、特色鲜明、注重实践，共五个模块，第一模块树立正确的劳动观念，主要阐述劳动教育的基本理论，包括劳动是什么、劳动的基本形式、劳动的意义、如何开展劳动、如何安全劳动，循序渐进地引导学生热爱劳动；第二模块培养积极的职业精神，使学生在深刻理解劳动精神价值意义的基础上，引导学生践行新时代劳模精神并弘扬大国工匠精神；第三模块新时代的劳动与创新创业，在人工智能时代的背景下培养学生的专业创新精神；第四模块具有必要的劳动能力，通过劳动技能竞赛，提高学生在劳动工具的使用、创造性设计、美化生活、处理突发事件等方面的能力；第五模块养成良好的劳动习惯和品质，不限定学生劳动实践的时间，以劳动成果展示的形式从日常生活劳动实践、农业生产劳动实践、专业生产劳动实践和服务性劳动实践等方面，引导学生树立良好的劳动品德、正确的劳动价值观和积极的劳动心态，以提升学生的综合劳动素养。

在编写的过程中，结合职业岗位需求选择教学项目，根据各个专业特点，精选不同时代和行业的经典案例，逐步培养学生形成爱岗敬业、精益求精和追求卓越的工匠精神和劳动精神，增强自身的职业认同感和劳动自豪感；通过学习和感悟劳模身上的"闪光点"，培养学生的劳动品质和职业素养；提升学生劳动中的创新意识与创新能力，善于在自我职业发展中充分发挥创新劳动，创造出彩人生。

本书由西安科技大学王贵荣教授担任主审，由延安职业技术学院李国荣、刘月梅担任主编，罗红芳、李永耀、景永强担任副主编。在编写过程中，参考和借鉴了许多国内外专家学者的著作和论文，在此表示感谢。由于编者水平有限，本书难免会存在疏漏和不妥之处，恳请专家及读者给予批评指正。

编　者
2023 年

目录

模块一　树立正确的劳动观念 / 1

主题一　劳动是什么 / 2
　　任务1　专题讲座——中国传统劳动文化 / 3
　　任务2　专题讲座——新时代的劳动文化 / 7
主题二　劳动的基本形式 / 12
　　任务1　专题讲座——我身边的劳动者 / 13
　　任务2　劳动体验——寻找新时代的劳动新形式 / 21
主题三　劳动的意义 / 23
　　任务1　专题讲座——劳动在人类发展历史中所起的作用 / 25
　　任务2　小组讨论——我们在新时代为何还要劳动 / 30
主题四　如何开展劳动 / 33
　　任务1　专题讲座——如何在今后的职业中开展劳动 / 34
　　任务2　劳动体验——走出校门　社会实践 / 40
主题五　如何安全劳动 / 43
　　任务1　专题讲座——劳动安全规范 / 44
　　任务2　劳动体验——安全劳动 / 56

模块二　培养积极的职业精神 / 60

主题一　培养积极的劳动精神 / 61
　　任务1　专题讲座——劳动精神的内容与价值 / 62
　　任务2　劳动体验——现代化农业种植体验 / 72
主题二　践行新时代劳模精神 / 75
　　任务1　专题讲座——劳模精神的内容与价值 / 77
　　任务2　劳动体验——"最美劳动者"摄影活动 / 81
主题三　弘扬大国工匠精神 / 84
　　任务1　专题讲座——大国工匠精神的内容与价值 / 85
　　任务2　劳动体验——寻找各行各业的大国工匠案例 / 88

模块三　新时代的劳动与创新创业 / 91

主题一　人工智能时代的劳动 / 92
　　任务1　专题讲座——人工智能时代的劳动教育内涵 / 94
　　任务2　劳动项目实践——巧用人工智能助力职业技能的提升 / 97
主题二　创新创业 / 99
　　任务1　劳动项目实践——劳动实践项目方案设计 / 106

任务2　劳动项目实践——创业项目设计、运营与优化 / 111

模块四　具有必要的劳动能力 / 124

主题一　能劳动——熟练使用常见劳动工具 / 125
　　任务1　劳动技能竞赛——农业生产劳动工具使用大比拼 / 127
　　任务2　劳动技能竞赛——专业生产常用劳动工具使用大比武 / 130
主题二　会劳动——手脑并用，提高创造力 / 133
　　任务1　劳动技能竞赛——商标设计 / 135
　　任务2　劳动技能竞赛——"仿生机器人"功能设计 / 138
主题三　善劳动——学会设计，善于操作 / 142
　　任务1　劳动技能竞赛——集体生活　寝室美化 / 143
　　任务2　劳动技能竞赛——热爱生活　家务劳动 / 147
主题四　爱劳动——团结合作，协同劳动 / 150
　　任务1　劳动技能竞赛——校园突发事件处理 / 151
　　任务2　劳动技能竞赛——校园卫生保卫战 / 154

模块五　养成良好的劳动习惯和品质 / 158

主题一　日常生活劳动实践 / 159
　　任务1　劳动成果展示——保护环境，从垃圾分类开始 / 160
　　任务2　劳动成果展示——做"长征饭"，传承红色精神 / 162
主题二　农业生产劳动实践 / 164
　　任务1　劳动成果展示——农业管理 / 165
　　任务2　劳动成果展示——非遗传承 / 167
主题三　专业生产劳动实践 / 169
　　任务1　劳动成果展示——生产实习 / 170
　　任务2　劳动成果展示——专创融合 / 172
主题四　服务性劳动实践 / 174
　　任务1　劳动成果展示——敬老扶残 / 175
　　任务2　劳动成果展示——"三下乡"助力新农村建设 / 178

参考文献 / 181

树立正确的劳动观念

> 劳动创造了人本身。
>
> ——恩格斯

人与动物之间的根本区别在于劳动。毛泽东在《贺新郎·读史》中写道:"人猿相揖别。只几个石头磨过,小儿时节。铜铁炉中翻火焰,为问何时猜得?不过几千寒热。"寥寥数语,阐述出劳动在人类进化历史中的重要意义。人类文明史本质上是人类劳动的创造史和发展史,是由低到高的不同社会形态的历史演进。人类历史的发展,本质上是以劳动作为推动力的人类社会生产方式的历史嬗变。

恩格斯认为:"劳动是整个人类生活的第一个基本条件,而且达到这样的程度,以至于我们在某种意义上不得不说劳动创造了人本身"。马克思也认为:"整个所谓世界历史不外是通过人的劳动而诞生的过程,是自然界对人来说的生成过程""任何一个民族,如果停止劳动,不用说一年,就是几个星期,也要灭亡"。人类历史由劳动开启,劳动是社会存在的基础。人类通过劳动进军自然界,在尊重自然规律的前提下改造和利用自然,创造了丰富的物质文明和精神文明。

新时代劳动教育与实践

主题一　劳动是什么

案例导入

手艺传承不用愁！"九转大肠"小胖就在嘉兴"新东方"

　　有一段时间，网络上一段"九转大肠"的视频突然爆火，其主人公"小胖"憨厚的外表和幽默的语言，令无数网友捧腹大笑。"小胖"的真名叫俞涛，现就职于嘉兴市交通学校，是一名烹饪专业的教师。

　　"十几年前的视频，不知怎么就火了。"面对同事们的"盘问"，俞涛略带羞涩地说。

　　1994 年出生的俞涛，中考成绩过了普高线，但本着对美食的热爱和追求，他选择在杭州一所职业学校学习烹饪。"学习做菜十分辛苦，比如练习刀功时经常会把手指弄伤，有时旧伤未愈又添新伤，但自己选择的路，就要坚持走下去。"俞涛在校期间刻苦学习，不断磨炼自己的烹饪技艺，在省级和国家级职业院校技能大赛烹饪专业比赛中分别获得一等奖、二等奖的好成绩。

　　2012 年，学校老师认为俞涛烹饪技术过硬，且能说会道、表现力强，便推荐他去参加一档美食类综艺节目——《顶级厨师》。俞涛不负众望，成为杭州赛区唯一通过海选的选手，奔赴上海参加决赛，由此引出了那段"九转大肠"的故事。

　　在中职阶段，俞涛积极参与专业比赛，2013 年，在全省中等职业学校学生技能大赛热菜项目中荣获一等奖；代表浙江省参加全国职业院校技能大赛中职组烹饪比赛，荣获二等奖。由于表现优秀、技艺出众，中职毕业后，俞涛被保送进浙江商业职业技术学院，继续学习烹饪。在高职阶段，俞涛进一步提升了自己在烹饪方面的造诣，2015 年，在浙江省高职高专院校烹饪技能大赛中获二等奖，在全国职业院校技能大赛高职组烹饪赛项比赛中获三等奖。在高职实习期间，俞涛在上海某酒店点心房担任领班管理团队。在 2016 年的 G20 峰会上，俞涛跟随师傅为国外友人制作不同风味的美食点心。

　　2022 年，俞涛来到嘉兴市交通学校，成为一名烹饪专业的教师。当别人问他为何想成为一名教师时，俞涛说道："我认为我们中国人对做菜有一种特殊的感情，中华美食不仅仅是一种果腹的食物，而是一种拥有深厚底蕴的传统文化。没做老师前，我只是自己沉浸其中，而现在我可以将这份烹饪技艺和传统文化传承下去，让更多的人享受美食的乐趣，感受中华美食文化的独特魅力。"成为教师后，俞涛将自己的所学和"实战"经验，投入烹饪教学和技能比赛中。短短一年时间里，他获得了各项荣誉：2022 年，在嘉兴市百万职工技能大赛中获第三名，荣获第十七届中等职业学校技能节教师组三等奖，获得"嘉兴市技术能手"和"嘉兴市技术操作能手"等荣誉称号，并指导学生在各类比赛中获奖。如今的俞涛，已是嘉兴市交通学校的"网红"人物，他也经常会在自己的社交平台发布一些与美食有关的视频，拥有不少的粉丝量。俞涛很享受现在的工作，他说："作为一名教师，我现在每天的日子过得很充实。在教学生做菜的过程中，我对烹饪有了更深刻的理解，也体会到了作为一名老师的责任与快乐。当然，在平时，我还是会分享一些我的做菜日常，欢迎大家与我进行互动，一起领略美食的魅力。"

学习目标

知识目标：了解中国传统劳动文化和新时代劳动文化。

技能目标：能阐述传统劳动文化和新时代劳动文化的内涵和育人价值。

素养目标：培养热爱传统劳动文化，具有劳动精神，自觉弘扬新时代劳动文化的社会主义建设者和劳动者。

任务1　专题讲座——中国传统劳动文化

伴随着中华文明的不断演进，建立在中华优秀传统文化基础之上的，经过劳动实践得以传承和发展的劳动思想、劳动价值观及劳动精神等，共同形成了我国传统文化中独特的劳动文化。传统文化中的劳动文化主要包括以下几项内容。

一、崇尚劳动、重视劳动价值、提倡勤俭节约

勤劳是中国人的性格特征，中华民族是勤于劳动、善于创造的民族。热爱劳动、崇尚劳动的精神一直存在于中华传统文化中。

明代著名的思想家、教育家、"阳明心学"的创立者王守仁认为"四民异业而同道"。在王守仁看来，尽管士、农、工、商这四种不同社会阶层的人所从事的行业有所不同，但都是为了"有益生人之道"，都进行了有价值、有意义的劳动。北宋哲学家邵雍的"一日之计在于晨，一年之计在于春，一生之计在于勤"为传世佳句，他提倡人应该辛勤劳动。

在中国古代社会中，农业是生产的基本模式，从事农业劳动是劳动的主要形式。因此，历代统治者都十分重视民生思想，鼓励进行农业生产，积极"劝农"。据文献记载，皇帝每年都要在特定的日子举行"籍田大礼"，地方官员也有相应之举。农学家和思想家许行提出："贤者与民并耕而食，饔飧而治。"他主张贤明的君主应该与普通的劳动人民一起耕种、自己做早晚餐，要求无论贵贱，人人都要劳动。

另外，中华优秀传统文化不仅提倡勤俭节约，更包含着吃苦耐劳、开拓进取、百折不挠之义。"故天将降大任于是人也，必先苦其心志，劳其筋骨，饿其体肤，空乏其身，行拂乱其所为，所以动心忍性，曾益其所不能。"这种面对艰难困苦豁达乐观的精神和积极向上的人生态度也是中华民族的劳动意识、劳动价值和劳动情感的重要内容。

新时代劳动教育与实践

"只要功夫深，铁杵磨成针"等谚语也鼓励劳动者持之以恒、坚韧不拔，这与当代倡导的工匠精神有异曲同工之妙。

二、尊重劳动规律

《尚书》是儒家的核心经典著作，反映了古人对自然社会和人生的认识和理解。《虞书·尧典》中明确指出："历象日月星辰，敬授民时。"意为制定历法的目的是让百姓按照时令从事生产活动。"日中，星鸟，以殷仲春。厥民析，鸟兽孳尾。"意为依照昼夜时间相等和黄昏时鸟星出现在南方的规律，确定仲春时节。百姓们在这个时候就要到田野上耕作了，鸟兽也开始繁育。管仲也认为发展农业要遵循季节规律，这样才能提高粮食产量。《管子·轻重甲第八十》记载："今为国有地牧民者，务在四时，守在仓廪。"《管子·乘马第五》记载："时之处事精矣，不可藏而舍也。故曰，今日不为，明日忘货。昔之日已往而不来矣。"意为要按照农时进行农事活动。《礼记·中庸》提出"万物并育而不相害，道并行而不相悖"和"致中和，天地位焉，万物育焉"的思想，表达了古人关于人与自然的观点。

 延伸阅读

劝 农
〔晋〕陶渊明

悠悠上古，厥初生民。傲然自足，抱朴含真。智巧既萌，资待靡因。
谁其赡之，实赖哲人。哲人伊何？时维后稷。赡之伊何？实曰播殖。
舜既躬耕，禹亦稼穑。远若周典，八政始食。熙熙令德，猗猗原陆。
卉木繁荣，和风清穆。纷纷士女，趋时竞逐。桑妇宵兴，农夫野宿。
气节易过，和泽难久。冀缺携俪，沮溺结耦。相彼贤达，犹勤陇亩。
矧伊众庶，曳裾拱手！民生在勤，勤则不匮。宴安自逸，岁暮奚冀！
儋石不储，饥寒交至。顾尔俦列，能不怀愧！孔耽道德，樊须是鄙。
董乐琴书，田园不履。若能超然，投迹高轨。敢不敛衽，敬赞德美。

三、认同劳动是幸福的源泉

自古以来，幸福就是人类追求的目标。我们的先人也认为，幸福来自他们自己的辛勤劳动。《小雅·楚茨》是一首描述祭祀场景的诗，该诗通过一开始描写人们辛勤地清除田间杂草，播种黍稷并喜获丰收的场景，为接下来庄重的祭祀场景和祭祀结束后家族宴饮的欢乐场面做铺垫，表达了生产劳动是幸福源泉的思想。《周颂·良耜》将春天播种的场景、夏天管护农作物的场景、秋天丰收的场景，以及人们享用丰收果实的幸福场景串联起来，生动地表达了幸福来源于劳动这一生活感悟。

模块一　树立正确的劳动观念

 延伸阅读

小雅·楚茨（节选第一章）

楚楚者茨，言抽其棘。自昔何为？我艺黍稷。
我黍与与，我稷翼翼。我仓既盈，我庾维亿。
以为酒食，以享以祀。以妥以侑，以介景福。

四、提倡耕读传统

　　古代社会有提倡读书人"耕读传家"（既从事农业劳动又读书或教学）的传统。通过耕读，许多读书人既具有文学家的文采，又具有农学家的实践经验，他们以田园生活和务农经济为本，彰显了对美好操行的坚守。例如，张履祥所作的《补农书》被现代著名农学家陈恒力评价为"总结明末清初农业经济与农业技术的伟大作品之一，是我国农业史上最宝贵的遗产之一"。

　　通过耕读，许多读书人接近劳动生产，接近劳动人民，创作了大量反映底层人民生活和劳动人民喜怒哀乐的作品。例如，颜之推在《颜氏家训·治家篇》中提出"生民之本，要当稼穑而食，桑麻以衣"，就是告诫子孙生存之根本在于自食其力，通过种植庄稼来吃饭，通过栽种桑麻来穿衣。颜之推尤其反对读书人轻视劳动、好逸恶劳的陋习，勉励子孙们身体力行、经世致用，学习劳动生产，关注社会现实与求知问学的统一。晚清政治家、军事家曾国藩也曾在家书中告诫晚辈："吾家子侄半耕半读，以守先人之旧，慎无存半点官气。不许坐轿，不许唤人取水添柴等事。其拾柴收粪等事，须一一为之；插田莳禾等事，亦时时学之。"这些都是中华优秀传统文化中将劳动谋生与读书治学相结合的生动案例。

五、提倡"以劳树德""以劳健体"

　　劳动不仅使人拥有优良的品德，还有利于磨炼人的意志，并帮助人强身健体。陶渊明归隐田园，创作出许多传世的田园诗，并且对劳动的意义提出了新的见解：虽然劳动辛苦，但自食其力、艰苦奋斗的人生是充实而快乐的。他提道："人生归有道，衣食固其端；孰是都不营，而以求自安？"陶渊明认为，人人都要自食其力，艰苦奋斗，如果什么事都不做，又怎么能解决自己的温饱问题呢？春秋时期的贤母敬姜在教育儿子勤俭节约，不要贪图安逸时指出："夫民劳则思，思则善心生；逸则淫，淫则忘善，忘善则恶心生。"敬姜认为，劳动可以促进思考总结，从而激发人的良善之心；而安逸享乐则容易导致无所节制，从而滋生邪恶之心。明末清初思想家、教育家颜元提倡注重劳动在培育人才中的作用。他认为读书人不仅应该进行农业生产劳动，还应重视劳动教育。同时，他认为劳动不仅可以使人正心、修身、祛除邪念，还可以使人勤劳，克服怠惰、疲沓。他还认为劳动具有体育意义，可以强健体魄，是重要的养生之道，这和新时代归纳的劳动可以树德、增智、强体和育美的核心思想不谋而合。清代学者汪辉祖在其所著的家训《双节堂庸训》中批判"幼小不宜劳力"观点时指出："欲望子弟大成，当先令其习劳。"这句话的意思是，要想子孙有所成就，必须先令其学习劳动。

六、提倡诚信劳动

人的成长体现在为了实现目标而奋斗的过程中，坚守初心，言必信、行必果。通过历练不断磨炼意志，信守承诺，坚定前行，就一定会在美好的青春时代挥洒激情，不负韶华。

"志不强者智不达，言不信者行不果。"出自《墨子·修身》，意为如果意志不坚定，人的智慧很难达到预期；说话不诚信，不遵守诺言，做事也不会有好结果。中华民族历来推崇重信守诺，只有目标与行动一致，才能更好地实现个人和集体的理想。

七、提倡团结协作的劳动

中华民族五千多年的悠久历史发轫之始，处于劣势的原始先民自发组织起来与各种敌人斗争，于斗争中求存活，团结协作应运而生。春秋时期的政治家管仲有云："以众人之力起事者，无不成也。"中华优秀传统文化蕴含着团结的精神，不管是造就天府之国的都江堰水利工程，或是气势恢宏的京杭大运河，还是蜿蜒曲折的万里长城，无一不体现了中国劳动人民团结协作的精神。儒家经典《周易·系辞上》中曾说："二人同心，其利断金。同心之言，其臭如兰。"这句话的意思是，同心协力的两个人，他们的合力就像利刃一样能斩断坚硬的金属。心意相通而说出来的话，就像兰草一样芬芳、高雅。团结协作的力量让中华民族砥砺前行，迈向伟大复兴。

 延伸阅读

秦风·无衣

岂曰无衣？与子同袍。王于兴师，修我戈矛。与子同仇！
岂曰无衣？与子同泽。王于兴师，修我矛戟。与子偕作！
岂曰无衣？与子同裳。王于兴师，修我甲兵。与子偕行！

八、珍视劳动果实

劳动果实来之不易，珍惜劳动果实就是尊重劳动和劳动者，这也是中华民族的传统美德。例如，《周颂·丰年》通过阐述劳动人民的丰收表达其对美好生活的向往：

模块一　树立正确的劳动观念

"丰年多黍多稌，亦有高廪，万亿及秭。为酒为醴，烝畀祖妣。以洽百礼，降福孔皆。"又如，《尚书·洪范》在讲述五行时讲"稼穑作甘"，将"可种植庄稼的土"与"甜味"联系起来；在讲述"八政"时，将"管理粮食"作为第一要务，还将"富"作为"五福"的重要内容，充分体现了对劳动和劳动果实的珍视。

九、以不劳而获为耻

自古以来，我国人民就有"以劳动致富为荣，以不劳而获为耻"的文化传统。"不劳而获"出自《孔子家语·入官》"所求于迩，故不劳而得也"，指自己不劳动却占有别人的劳动成果。

《魏风·硕鼠》将不劳而获的统治者比作硕鼠，通过对硕鼠从食黍、食麦到食苗层层递进的描写，表达了对贪婪、残酷的剥削者的痛恨。

　延伸阅读

魏风·硕鼠

硕鼠硕鼠，无食我黍！三岁贯女，莫我肯顾。逝将去女，适彼乐土。乐土乐土，爰得我所。

硕鼠硕鼠，无食我麦！三岁贯女，莫我肯德。逝将去女，适彼乐国。乐国乐国，爰得我直？

硕鼠硕鼠，无食我苗！三岁贯女，莫我肯劳。逝将去女，适彼乐郊。乐郊乐郊，谁之永号？

课后活动

活动主题：品读古诗文中的劳动文化。

活动内容：以小组为单位，收集整理古诗文。要求列举出古诗中所体现的劳动文化，学习古人的劳动文化精神，激发大家的劳动热情，树立爱劳动的人生观念。

任务2　专题讲座——新时代的劳动文化

一、新时代的劳动文化

传统文化中尊重劳动价值，鼓励辛勤、诚实和创造性劳动，提升品德修养和强健体魄的思想是与古代的生产基础和社会制度相适应的。而在当今世界，我们更应该不断发展和阐释劳动实践、劳动技能、劳动观念等时代内涵，传承文化精髓，推动中华传统文化中劳动思想的创造性转化和创新性发展，抵御腐朽落后的文化冲击，以生动的实践感性和中国话语体系增强文化自信。新时代的劳动文化以中华优秀传统文化为支撑，以马克思劳动思想为理论依据，具有与时俱进的时代特征，其主要内涵包括以下几方面。

（一）劳动精神——新时代劳动文化的本质内核

劳动是人类进行社会活动的前提，人类在劳动的基础上追求实现更高层次的需要。随着社会的不断发展和进步，从劳动工具、劳动方式，到劳动活动、劳动目的都发生了巨大的变化，进一步推动了人类社会走向现代文明。富有劳动精神的劳动者通过辛勤的劳动，在遵循自然界客观规律的基础上对自然界进行合理改造，创造了适合人类生存发展的环境，以及无数辉煌灿烂的物质文明和精神文明，进而提升了人类的认知水平和创造能力，促使人类开始追求科学真理，最后回归自身，实现全人类的解放和每个人自由而全面的发展。

我国劳动人民自古就通过农耕维持生计，勤勤恳恳、踏踏实实地依靠劳动创造财富。广大劳动者要继承和发扬中华优秀传统文化中蕴藏的劳动精神，脚踏实地地靠自己的双手、所学的专业知识技能及富有创造力的思维来为实现人民对美好生活的向往，通过自己创造的劳动成果去发光、发热，在劳动过程中实现个人价值和社会价值，充分展现劳动的获得感、价值感和幸福感。

（二）劳模精神——新时代劳动文化的实际体现

劳模精神是劳动模范（见图1-1、图1-2）所具有的宝贵精神品质，其内涵随着时代的发展和进步变得更加丰富，"爱岗敬业、争创一流、艰苦奋斗、勇于创新、淡泊名利、甘于奉献"是新时代的劳模精神。

图1-1 在毛乌素种下绿色梦的石光银

图1-2 扎根草原造福百姓的廷·巴特尔

劳模精神具有深刻的历史渊源和极高的时代价值，它是从善于创造、勤劳勇敢的中华民族精神中衍生出来的。不同时代、不同行业具有代表性的先进典型劳动工人用自身的劳动生动地诠释了劳模精神，在社会劳动者大军中发挥了积极的示范作用，引导他们热爱劳动、尊崇劳动并且精于劳动。这对我国社会的发展进步产生了强大的驱动作用，为满足人民对美好生活的向往奠定了一定的物质和精神基础。

当代的劳模精神是广大劳动人民的价值追求与奋斗方向，其始终感召、鼓舞、引领劳动者从事以情感认同为基础、以理性共识为选择、以道德标准为规约的劳动。劳模精神的广泛传播显著地强化了劳动文化的主流观念，一方面激励劳动者主动学习先进典型，自觉提高自身的劳动文化素质，成长为有理想、有文化、有技术、有担当的新时代劳动者；另一方面引导劳动者弘扬优秀民族精神，增强身为中国人的民族自豪感和文化自信。

延伸阅读

党和国家领导人对劳模的论述

1945年1月10日，毛泽东同志在陕甘宁边区劳动英雄和模范工作者大会上讲话时提出劳动英雄和模范工作者有三个作用，即带头作用、骨干作用和桥梁作用。1950年9月25日，毛泽东同志在全国战斗英雄代表会议和全国工农兵劳动模范代表会议上称赞英雄模范是"全中华民族的模范人物，是推动各方面人民事业胜利前进的骨干，是人民政府的可靠支柱和人民政府联系广大群众的桥梁"。

1978年10月11日，邓小平同志在中国工会第九次全国代表大会上的致词中指出："在党的领导和工会的帮助下，全国各民族、各地区、各工业部门的职工群众中都涌现了一批劳动模范和革命骨干，他们至今还是我们学习的榜样和团结的核心""任何人对四个现代化贡献得越多，国家和社会给他的荣誉和奖励就越多，这是理所当然的"。

2000年4月29日，江泽民同志在全国劳动模范和先进工作者表彰大会上的讲话中说："全国劳动模范和先进工作者，是亿万劳动群众的杰出代表。他们对祖国和人民无限忠诚，爱岗敬业，勇于创新，无私奉献，严于律己，弘扬正气，在平凡的岗位上作出了不平凡的业绩，是建设社会主义物质文明和精神文明的先锋。"

2010年4月27日，胡锦涛同志在2010年全国劳动模范和先进工作者表彰大会上的讲话中强调："我们一定要在全社会大力弘扬劳模精神，用劳模的先进事迹感召人民群众，用劳模的优秀品质引领社会风尚，充分发挥劳模的骨干和带头作用，在全社会进一步形成崇尚劳模、学习劳模、争当劳模、关爱劳模的良好氛围。"

2020年11月24日，习近平总书记在全国劳动模范和先进工作者表彰大会上的讲话中指出："劳动模范是民族的精英、人民的楷模，是共和国的功臣。我国是人民当家作主的社会主义国家，党和国家始终坚持全心全意依靠工人阶级方针，始终高度重视工人阶级和广大劳动群众在党和国家事业发展中的重要地位，始终高度重视发挥劳动模范和先进工作者的重要作用。"

（三）工匠精神——人类劳动实践过程中特有的价值

新时代工匠精神追求求精与求效的统一，既包含对生产资料、生产过程、生产环节、生产工艺、生产流程的准确把握，又强调通过明确生产目的、选择科学有效的生产方法来实现生产成本的最低化、生产工艺的最优化和生产效果的最大化。在工业现代化的今天，工匠精神并不具体指古代工匠从事匠艺活动的生产技术与过程，而是指超越性地传承与弘扬古代工匠在匠艺事业中展现的内在精神，更多的是指精益求精、一丝不苟的工作精神和劳动态度。

我国工业的转型升级必然要求劳动者追求高质量的劳动过程和生产高品质的产品。无论是从事科技研发的高新技术人才，还是奋斗在生产一线的普通工人，都要做到吃苦耐劳、精益求精、高度专注，全身心投入所从事的工作；对每一个工作环节、每一个产品细节都要按照行业标准、国家标准及国际标准进行严格把关；规范的生产程序、严格的检测标准要执行到位，绝不可偷减程序、偷工减料；同时还要践行工匠精神中"守实创新"的要求，进行创造性劳动，为提升中国制造的质量，打造中国制造的优质品牌而努力。

> **延伸阅读**
>
> 新时代"工匠精神"的提出
>
> 2015年4月28日，习近平总书记在庆祝"五一"国际劳动节暨表彰全国劳动模范和先进工作者大会上的讲话中指出："一切劳动者，只要肯学肯干肯钻研，练就一身真本领，掌握手好技术，就能立足岗位成长成才，就能在劳动中发现广阔的天地，在劳动中体现价值、展现风采、感受快乐。"2016年3月5日，李克强同志在十二届全国人大四次会议上作政府工作报告，提到"提升消费品品质"时，强调要"培养精益求精的工匠精神"，这是"工匠精神"第一次出现在政府工作报告中。2017年10月18日，党的十九大报告提出要"建设知识型、技能型、创新型劳动者大军，弘扬劳模精神和工匠精神，营造劳动光荣的社会风尚和精益求精的敬业风气"。

二、新时代劳动文化的育人作用和时代价值

为进一步培育和弘扬新时代劳动文化，广大劳动者必须深入挖掘新时代劳动文化的育人作用和时代价值，并进一步拓展新时代劳动文化的实践路径。

（一）育人作用

1. 培养艰苦奋斗的精神

现代社会对人才的要求越来越高，不仅要求其专业素养达到相应的水平，还要求其具有艰苦奋斗的精神，这样才能更好地提升工作质量。在劳动文化的感染下将艰苦奋斗精神的培养融入职业教育中，通过各种实践活动来增强学生的耐力及吃苦精神，最终使学生可以更好地服务于相关职业。

2. 增强实践操作能力

在职场竞争中，实践操作能力是非常关键的因素。当前很多职场人士虽然理论知识很丰富，但实践操作能力比较欠缺，因而很难在职场中取得优势。在新时代劳动文化的影响下，职业教育通过实践教学的方式，可有效增强学生的实践操作能力，提升学生在职场上的竞争力。因此，当前很多职业院校都非常注重教育过程中劳动文化的渗透。

模块一　树立正确的劳动观念

（二）时代价值

在我国进入新时代的大背景下，培育和弘扬劳动文化具有重要的时代价值。"空谈误国，实干兴邦""撸起袖子加油干""社会主义是干出来的"等提法发出了新时代劳动文化的最强音。

1. 有利于营造脚踏实地、踏实肯干的社会风气

自改革开放以来，我国的经济水平和人民生活水平都有了质的提高。正是劳模精神、工匠精神的践行者，用实际行动引导广大劳动者用心劳动，从而使整个社会的劳动文化向善向好。积极向上的劳动文化培养出来的一定是尊重劳动、热爱劳动、崇尚责任与奉献的新时代劳动者，在全社会范围内广泛传播"劳动最光荣、劳动最崇高、劳动最伟大"的劳动认知，能让劳动者从劳动中收获物质上和精神上的满足。

劳动文化中的劳动精神、劳模精神、工匠精神相辅相成，对劳动者产生了积极的影响，促使他们以更好的工作态度、更高的工作热情、过硬的工作能力投入劳动实践，从而对营造脚踏实地、踏实肯干的社会风气产生巨大的推动力，激励劳动者在诚实劳动中提振劳动热情和劳动创造的积极性。

2. 有利于提升劳动者的专业素养和职业道德素养

通过弘扬劳动文化，引导广大劳动者树立正确的劳动观和价值观，让劳动者明白要想在事业上迈向更高的台阶，需具备过硬的技术能力、管理能力等，只有依靠自己有真才实学，肯劳动，才能在职场上获得发展。弘扬劳动文化，倡导依靠劳动、尊重劳动，可以激发广大劳动者的劳动热情和创造活力，引导广大劳动者积极、主动地提高技术技能水平，树立正确的职业道德观念，不断提升职业素养。

新时代的技术能手、能工巧匠在工作中精益求精，专注执着、锲而不舍地坚持创新劳动实践活动，对工作一丝不苟，将时间、精力和心血融入劳动实践，在劳动实践中感知自身价值，追寻精神上的满足。更有数不清的优秀劳动者、劳动模范在各个行业与各个岗位中以身作则。严于律己、吃苦耐劳的精神，不断激励劳动者提升职业道德素养，在劳动的精神层面上严格要求自己，恪守行业规范。

3. 有利于为实现中华民族伟大复兴培养劳动人才

大力传播和弘扬劳动文化，培养具有高素质的劳动者和技术技能人才，鼓励他们在劳动实践中投入更多的智力、技能和高科技以提高我国产品的品质，对于打造高质量的知名品牌，形成品牌效应，逐渐缩小我国和发达国家之间的差距，推动我国由经济大国走向经济强国具有重要意义。

实现中华民族伟大复兴的中国梦需要一代又一代的中国劳动者付出勤劳、智慧与勇气。培养大量的受劳动文化熏陶的劳动者有助于在全社会树立正确的劳动价值观，使劳动者成长为具备爱岗敬业、认真负责、乐于奉献等优良品质的优秀劳动人才。劳动文化的广泛传播能切实增强劳动者的劳动意识，鼓励他们通过参加劳动技能培训不断提高劳动效率和质量，教会他们处理在工作中的相关劳动关系，从而促进他

们根据自身条件和能力水平在平凡的岗位上创造更多的劳动成果，为社会发展作贡献。

提高产业工人队伍的整体素质，建设知识型、技能型、创新型劳动者大军，将推动我国实现由传统工业化路子向先进工业文明转变，为我国经济高质量发展进而全面建设社会主义现代化国家提供重要的人才支撑。

课后活动

活动主题：树立劳动致富的观念。

活动内容：以小组为单位，讨论以下论题，并举例加以说明。形成总结报告，谈谈自己对非劳动致富的看法，以及要如何树立劳动致富的观念。引导学生树立正确的劳动观念。

活动论题：

（1）劳动剥削是资本主义的社会本性。

（2）按劳分配是实现社会正义的重要原则。

（3）如何看待合法的非劳动收入？

（4）如何看待炒房致富、炒股致富、拆迁致富等现象？

主题二　劳动的基本形式

案例导入

重庆"95后"外卖女骑手廖泽萌："这是一份传递温暖和爱的职业"

2022年4月28日，重庆市公布五一劳动奖章获得者，北京星选科技有限公司（饿了么平台重庆众包）配送员廖泽萌上榜。这位"95后"女骑手以乐观开朗的态度认真工作、生活，收获不少"粉丝"。

"送外卖的路上还可以看风景咯，哈哈哈……"4月24日，廖泽萌将一个外卖订单送到了照母山植物园，看着优美的风景，她忍不住在网上发了一条短视频，不一会就有几百个点赞。

"其实刚开始我有些不好意思，怕别人瞧不起。"廖泽萌回想起两年多以前刚开始送外卖时的经历说，送了几个月后，她发现自己喜欢上了这份工作，"都是凭劳动自食其力，不丢人。"

2020年刚入行时，廖泽萌有一次遇到暴雨，导致送餐超时，她做好了被客户责骂的准备。没想到敲开门后，叫外卖的妈妈对孩子说："快谢谢阿姨，你看阿姨冒雨给我们送来吃的，没有她，我们还会挨饿呢。"

"小朋友懂事地道谢，还鞠了一个躬。这样的场景让我差点流出了眼泪。"廖泽萌说，"那一刻让我深刻体会到，这是一份传递温暖和爱的职业。"

模块一 树立正确的劳动观念

"劳动最光荣!"荣获五一劳动奖章,廖泽萌很开心。她说,这是对每一位劳动者和奋斗者的尊重和激励,自己要继续用汗水和努力,为千家万户送去更多温暖。

(来源:重庆日报)

【思考】

文中的主人公廖泽萌从事的是哪种劳动形式?你熟悉的劳动形式有哪些?

人们常将"劳动"与"工作"两个概念混淆,其实二者存在区别。工作是劳动的一个层面,是指人类通过劳动分工而进行的、有组织的、以获得劳动报酬为目的的生产活动。因此,工作更强调以获得报酬为目的,比如我们在家打扫卫生是一种劳动,但不是一种工作,保洁员在写字楼打扫卫生是一种劳动,也是一种工作。

任务1 专题讲座——我身边的劳动者

学习目标

知识目标:了解劳动的基本概念;掌握劳动的基本形式。

技能目标:能够分析劳动形式从古至今的变化过程,区分不同的劳动形式。

素养目标:自觉培养和树立新时代的劳动观。

一、劳动的基本概念

(一)劳动

《辞海》中将"劳动"解释为:劳动是人们改变劳动对象使之适合自己需要的有目的的活动,即劳动力的支出或使用。《现代汉语词典》中,"劳动"有三层含义:人类创造物质或精神财富的活动;专指体力劳动;进行体力劳动。

劳动是人类区别于其他动物的一种普遍特质,是人类维持自我生存和自我发展的唯一手段。人类生产物质资料就是对外输出劳动量或劳动价值的过程,然而这与动物本能意义上的"生产"有着本质的区别。马克思认为:"诚然,动物也生产,它为自己构筑巢穴或住所,如蜜蜂、海狸、蚂蚁等。但是,动物只生产它自己或它的幼仔所直接需要的东西;动物的生产是片面的,而人的生产是全面的;动物只是在直接的肉体需要的支配下生产,而人甚至不受肉体需要的支配也进行生产,并且只有不受这种需要的影响才进行真正的生产;动物只生产自身,而人在生产整个自然界;动物的产品直接同它的肉体相联系,而人则自由地对待自己的产品;动物只是按照它所属的那个种的尺度和需要来建造,而人却懂得按照任何一个种的尺度来进行生产,并且懂得怎样处处都把内在的尺度运用到对象上去;因此,人也按照美的规律来生产。"

(二) 劳动力

"劳动"一词容易与"劳动力"混同。《辞海》将"劳动力"定义为"人的劳动能力即人所具有的能运用于劳动过程的体力和脑力的总和"。劳动力也指具有劳动能力的人。从这个定义来看，劳动力有两层意思：一方面，劳动力是指具有劳动能力的人口，比如在统计劳动力人数时，通常会考虑劳动年龄和劳动能力，这两方面同时达标才称得上是劳动力；另一方面，劳动力是社会生产力中的能动要素，指劳动过程的体力和脑力的总和。在马克思主义学说中，劳动和劳动力是两个不同的概念，劳动要么是具体的行动，要么是抽象的行为；劳动力更多与剩余价值有关，是"肉体力和精神力的总体，存在于人的身体中，存在于活的人格中，其发动，通常会生产某种使用价值"。马克思主义学说认为，雇佣劳动的特点是劳动者出卖他们自己的劳动力，这样劳动力就成为一种商品，具有价值。

(三) 劳动者

与"劳动"和"劳动力"相关的概念还有劳动者。劳动者（见图1-3）是在一定的社会分工体系下，具有一定的劳动能力，处于一定的劳动岗位，遵循一定的劳动规范，有目的、相对持续地从事或向他人提供有价值物品或服务的社会人。

图1-3　普通劳动者风采

模块一　树立正确的劳动观念

二、劳动的基本形式

（一）古代劳动的形式

"春耕夏耘，秋收冬藏。"在古代人眼中，辛勤劳动是一个人向上成长的基础，劳动是一件值得自豪的事情。古代人的劳动直接面对的是原始的自然界，如森林、水源、阳光、土地等都蕴藏着人类生存的资源。而对土地资源的开发则是古代最重要的劳动内容。所以，耕种成为保障人类生存和发展的主要劳动内容。古代人需要从自然界中获取生存的技能和资源，因此当时的劳动更多的是在自然界之中的农业劳动，"人要靠天吃饭"，人们对自然带有某种敬畏之情。按劳动的组成形式来分，古代的劳动大致分为家庭式劳动和庄园式劳动两种形式。

1. 家庭式劳动

（1）铁犁牛耕。

我国传统农业的主要耕作方式是铁犁牛耕（见图1-4）。它是古代中国冶铁技术、铁犁技术和牛耕技术与生产实践相结合的产物，是古代中国农业耕作技术发展史上的里程碑。汉朝以后，铁犁牛耕方式成为我国传统农业的主要耕作方式，隋唐时期定型，宋至明清时期更加完善。铁犁牛耕方式的形成与发展，为我国农业文明的进步作出了重要贡献。铁犁牛耕的劳动形式的出现，标志着集体劳作形式的瓦解。铁犁牛耕的劳动形式也经历了数个阶段才逐步趋于稳定。

图1-4　铁犁牛耕场景

①形成阶段。春秋战国时期，随着冶铁技术的进步、铁犁技术的提高和牛耕技术的出现与推广，铁犁与牛耕结合形成了铁犁牛耕的劳动形式。铁犁牛耕的劳动形式最先出现在中原黄河流域，之后开始向周边地区传播，且多为长直辕犁式。

②发展阶段。两汉时期，耦犁、犁壁和全铁制犁铧等劳动工具相继出现，铁犁牛耕的劳动形式开始逐渐被长江流域的人民所采用。据《汉书·食货志》记载，汉武帝时期，搜粟都尉赵过发明耦犁，二牛三人挽犁，并向全国推广。

③定型阶段。隋唐时期，江东地区发明了适宜江南水田特点的曲辕犁（见图1-5），并在向外推广过程中不断发展。这种铁犁牛耕方式多为曲辕犁式，一人二牛或一人一牛挽犁。据唐末文学家陆龟蒙的《耒耜经》记载，这种曲辕

图1-5　曲辕犁模型

犁总结和吸收了汉魏以来中国耕犁的优点，再加以新的发展，使犁辕变直为曲，曲辕由长变短，增加了调节犁耕深浅的犁评、犁建，以及活动犁盘和耕索等。曲辕犁结构完备，且轻便省力。至此，古代中国的耕犁基本定型，并一直为后世沿用。

④完善阶段。宋元时期开始，耕犁在唐代曲辕犁的基础上得到了进一步改进和完善。犁辕缩短、弯曲，减少策额、压镵等部件，使用了牛轭服牛，使犁身结构更加轻巧灵活，耕地效率也更高了。这种铁犁牛耕方式多为曲辕犁式，一人二牛或一人一牛挽犁。正如元朝农学家王祯的《农书·垦耕篇》所说："南方水田泥耕，其田高下阔狭不等，一犁一牛挽之，作止回旋，惟人所便。"历经宋、元、明、清各代，耕犁的结构虽有微调，但没有大的变化，我国耕犁至此已完全成熟。

（2）男耕女织。

以家庭为单位的男耕女织（见图1-6）的劳动形式的出现，是铁犁牛耕劳动形式的升级表现。男耕女织的劳动形式，让各家庭中的广大女性群体加入日常劳动中，这样的劳动形式在当时的科技和社会条件下，最大限度地释放了人民的劳动力，把人类的文明又向前推进了一步。

在明代，江南农家男女劳动的安排方面，以男耕女织为代表的男女分工的劳动形式仍然存在，自明代中后期，农家妇女逐渐脱离耕作而全力育蚕与纺织，男子脱离纺织而全力耕作。但是大体而言，在明代后期以前，以"夫妇并作"为代表的"男女同工"模式仍然占有重要地位。一直到清代中期，以男耕女织为典型形式的男女劳动分工，才真正得到充分发展。

2. 庄园式劳动

魏晋南北朝时期的坞堡（见图1-7），是庄园式劳动形式的典型代表。在这样的劳动形式下，劳动者被集中束缚在土地上进行集体劳动，这样的劳动形式所带来的生产力相对低下。

图1-6 男耕女织

图1-7 坞堡模型图

在北方特定的历史条件下所形成的坞堡组织具有庄园经济形态。从生产上看，一家一户的个体坞众是坞内生产的主体。在坞内，坞众平时生产，战时作战，且耕且战，耕战结合。土地由坞主支配，坞主对于坞内的土地、人口及产品都有颇大的支配权，坞主与坞众之间是一种剥削与被剥削的关系。坞众原为国家编户齐民，由于当时的战乱及各种繁重徭役，遂自动归附坞内以求庇护，其身份从缴纳国家赋役的小农变成坞主征敛的对象。坞主对坞众的剥削是极其苛刻的。坞众作为坞主的依附人口，不仅要从事修堡固坞的军事活动，还要担负坞主所征收的租税和摊派的劳役。正所谓"豪强征敛，倍于公赋"，坞众只不过把原应缴纳给国家的赋税在量上增加之后交给坞主而已，类似于封建政权下的税收。强宗大族的坞堡组织的每一步发展，都意味着封建剥削关系的扩大。

坞内统一进行生产、征收赋税、公共积累，强大的经济实力成为其对社会秩序产生影响的物质基础。坞堡组织构成了魏晋南北朝时期北方地主经济的特有形式，维护了局部地区的农业生产秩序，实现了小农能够生存下去的最基本要求，保证了在战乱中这些地区基本可以进行正常的农业生产。这为北方农业生产在短暂统一时期得到迅速恢复和发展，以及北方旱作农业技术的定型奠定了基础。

3. 智力劳动和体力劳动

按劳动的具体形态来分，古代的劳动又分为智力劳动和体力劳动两种形式。

孔子将劳动分为知识分子的智力劳动和劳动者的体力劳动两种。关于智力劳动，孔子说："君子谋道不谋食。耕也，馁在其中矣。学也，禄在其中矣。君子忧道不忧贫。"（《论语·卫灵公篇》）"谋道"是指追求道义、落实道义，本身是一种脑力劳动；"谋食"是指耕种庄稼获得饮食之类的体力劳动。二者是两种不同的劳动，只不过君子所从事的是脑力劳动。

孟子对孔子的观点又有所发展，孟子说："无君子莫治野人，无野人莫养君子。"（《孟子·滕文公章句上》）这里暗示两点内容：一是国家将人分为"君子"和"野人"两种。"君子"指国君、各级官吏、武士，以及从事文学艺术、教育工作的各种文士，这些人基本脱离体力劳动。"野人"指乡野之民，包括农民、手工业者和其他从事体力劳动的人。二是孟子认为无论是"君子"还是"野人"，都是依靠各自的社会功能和社会需要而存在的，彼此是互相需要的，一个人不可能每件事情都由自己来完成。此外，孟子认为，"君子"和"野人"的区别是"劳心"和"劳力"之分。他说："故曰：或劳心，或劳力；劳心者治人，劳力者治于人；治于人者食人，治人者食于人；天下之通义也。"（《孟子·滕文公章句上》）孟子认为，"劳心者"从事各种治国活动，做"劳心"的事，统治别人，应受别人供养；"劳力者"从事百工、稼穑之事，做"劳力"的事，应被人统治，须供养别人。

自唐代开始，二月二日被正式定为"耕事节"或"劳农节"，此时大地解冻，天气转暖，皇帝率百官参加劳动，农民在农具上绑上红绸布下地播种。人们在劳动中感受到快乐，劳动带来甜美的果实。而在中国几千年的发展历程里，农耕一直是主要的劳动方式，由此发展出来的更多劳动形式和社会劳动的分工，也让"劳动创造幸福生活"这一朴素的价值观深植于每一个中华儿女的心中。

（二）现代劳动的形式

现代社会的劳动具有两个新特点：分工的细化和智能化。这两个特点共同导致劳动有了新的形式。

劳动形式指人类作用于自然界在人类生产活动中所采取的表现形式，包括潜在的劳动形式、流动的劳动形式、物化的劳动形式等。现代劳动形式发生的变化包括：科技劳动成为第一生产劳动、经营管理成为重要的劳动形式、精神生产和服务业的劳动日益重要。科技劳动在生产中作为生产劳动参与价值和财富的创造，并可比普通工人创造更多价值。科学技术的发展，导致产业结构发生了重大变化，劳动因此延伸到社会服务和精神文化领域。

在当今科技进步的条件下，劳动者的知识、智力，尤其是创新能力，在生产中的作用愈来愈重要，甚至越来越居于支配地位。这样，就使我们不能不对创新能力重新认识，并对原有的劳动形式的划分重新进行审视。

1. 基础性劳动

基础性劳动是指一个社会在一定时期内，作为一个普通劳动者都应该能够从事的、创新度低的一种劳动。但是基础性劳动不同于马克思所讲的简单劳动，因为简单劳动是指不需要经过专门教育和训练的劳动，而基础性劳动则需要经过一定的教育和训练，只不过是教育和训练的程度较低。同时，基础性劳动也不等同于体力劳动，尽管基础性劳动中体力劳动所占比例较大但随着技术的进步，体力劳动的比例将不断降低。总体上看，基础性劳动具有相对稳定的形式、带有明显的重复性，即按已有的简单技术不断重复进行同一劳动。在当代，这种劳动者主要包括一般的体力型技术工人（见图1-8）、传统农民（见图1-9）、体力型服务人员等。

图1-8 车间劳动

图1-9 田间劳动

众包数字劳动是在数字经济时代，被人工智能算法加强之后的基础性劳动。"众包"一词由美国记者杰夫·豪（Jeff Howe）于2006年首次提出，意指企业或组织通过网络将员工任务以自由自愿的形式外包给大众志愿者的行为。随着社会进入数字化时代，越来越多的企业依靠数字技术、借助网络平台并通过众包模式在全球范围内寻求廉价的劳动力，由此出现了多种劳动形式。第一类是从事网页点击、商品搜索等内容简单的网络众包平台的微劳动。第二类是以网约车和外卖平台中的众包模式等为代表的线上与线下交互融合的网约平台数字劳动。第三类是以猪八戒网等为代表的网络众包服务平台中劳动者所从事的需要一定知识和技能的专业劳动。第四类是以好大夫在线等为代表的网约服务平台中的数字劳动。而其中的第三类和第四类，已脱离了基础性劳动的范畴，进入了更高一级的范畴，即程序性劳动。

2. 程序性劳动

程序性劳动（见图1-10）是指需要经过较长时间专门训练、具有一定创新性、介于体力劳动与脑力劳动之间、带有重复性的一种劳动，一般来说，它兼顾了体力劳动和脑力劳动。如一般的办公室工作人员或勤杂人员、一般的程序员、自动化程度很高的工厂中的操作人员、一般的管理人员和一般的教学人员等。这类劳动虽然体力消耗较少，但同样带有重复性，主要是对以往积累下来的知识和技能进行运用或再现，而无须更多地创造。随着社会的进步和自动化程度的提高，这种形式劳动的体力消耗将越来越少，更多地将进入脑力劳动的范畴。程序性劳动一般属于"白领"阶层的工作，它与复杂程度很高的创造性劳动有很大的不同。

3. 创造性劳动

创造性劳动（见图1-11）是以智力消耗和知识创新为主要特征，需要经过长期严格训练的非重复性的劳动形式。这种劳动是一种高级劳动，其本质特征在于探索和创新。如科学家、高级工程技术人员、艺术家、作家、高级经理人等，他们的劳动均属于此类劳动。他们所从事的工作往往没有现成的事物或答案可以参考，他们以打破先例为天职，而且往往要冒很大的风险。因此，创造性劳动是一种极其艰辛的劳动，一般需要经过长期的专业训练和深厚的知识能力积淀。就其社会作用而言，创造性劳动对社会的推动作用越来越大。

随着创新科技革命的推进和劳动生产力的进一步提升，大量的凭借体力，特别是肌肉力量从事的体力劳动或机械性、重复性高的劳动，如搬运工、货车司机、清洁工、电话销售员等，将会迅速减少。另外，依托人的智力且富有创造性的脑力劳动将会逐渐成为人工智能时代最主要的劳动形式。这也意味着绝大多数劳动者将以"知识型员工"的身份从事规划设计、科学研究、技术开发、知识生产、组织管理、艺术创作等创造性劳动。与这些活动密切相关的创造、辨析、批判、抽象、规划等能力将成为从事劳动活动的必备技能。

图1-10　程序性劳动

图1-11　创造性劳动

4. 智能劳动

智能劳动（见图1-12、图1-13）具有鲜明的创造性、复杂性、抽象性，显著区别于机械化生产中被动性、重复性、具体性的机器附庸劳动，实现了人类劳动形式的迭代升级。在人工智能时代，劳动广泛存在于虚拟世界，劳动结果呈现很大的数据化特征，传统工业社会的财富结构形式被重新定义。这种数据劳动被认为是一种元劳动，可以通过人工智能和机器人技术"转化为任何一种劳动形式"，这标志着劳动内容和经济形态将进入新阶段。

图 1-12　智能劳动

图 1-13　人工智能愿景

智能劳动在当下已经可以替代相当一部分的基础性劳动和程序性劳动。例如，人工智能产业已经可以通过对很多工厂制造环节进行技术升级，用更多的机器人替代原本生产线上存在的技术工人，以达到效率和准确性双提升的结果。同样，程序性劳动也有逐渐被人工智能劳动所替代的趋势。例如，在金融服务行业，人工智能系统正在部分取代人类普遍做的工作，如风险评估、投资组合管理和欺诈检测等；在医疗保健领域，人工智能系统正在用于诊断和治疗，部分取代了人类医生的工作；在法律领域，人工智能系统正在用于文件检索和合同分析，部分取代了人类律师的工作。

智能劳动同样也在替代少量的创造性劳动。2022 年，人工智能绘画无疑是热门话题之一，即输入一段文本，只需几秒就可以一键生成自定义高精度画作。超低的技术参与门槛让人工智能绘画在大众中迅速普及。其实，早在我们没有察觉的时候，人工智能已经悄悄在艺术创作领域生根发芽，如人工智能换脸、人工智能影像、人工智能角色、人工智能游戏、人工智能动画等以人工智能为核心的技术已经渗透到计算机动画（computer graphics，CG）制作的各个环节。

在人工智能的加持下，智能劳动开始逐渐颠覆我们对以往劳动内容和劳动目的的认知，并引起我们对二者的重新思考。有更多的劳动形式开始逐渐向非物质的劳动形式转移。

课后活动

活动主题：现代先进劳动形式的探析。

活动内容：2023 年春节档科幻电影《流浪地球 2》，大胆畅想太阳即将毁灭，人类在地球表面建造出巨大的推进器，寻找新的家园。电影中有这么一个场景：顶端位于高度约 36 000 千米同步轨道（也被称为地球静止轨道）的太空电梯的轿厢使用了类似于火箭的推进方式，并在推进过程中达到了 $9g$ 的加速度，以一种相对廉价的方式进行地球对太空的物资运输。请同学们观看电影片段，分析以下问题。

（1）片段中出现的高科技装备可以对哪些方面的生产力实现进一步解放？

（2）当下有哪些先进技术在未来有可能制造出该片段中的劳动工具？

模块一 树立正确的劳动观念

任务2　劳动体验——寻找新时代的劳动新形式

一、任务目的

科学技术迅猛发展，生产社会化程度大大提高，社会分工细化和专业化，结果使劳动过程的环节增多、链条拉长。科学技术的发展，导致产业结构发生重大变化，劳动延伸到社会服务和精神文化领域。

劳动的形式与劳动的工具密切相关。在当今社会，劳动工具呈现出前所未有的多样性，这促成了现代社会中劳动形式的多样化。依据所使用的工具不同，我们可以将人类劳动形式划分为手工劳动、机器劳动及智能劳动，不同劳动形式在劳动工具、劳动技术、劳动组织形式等方面都有所差异。

为了让同学们体验劳动形式的多样性，从身边的劳动入手，仔细观察，寻找新时代的劳动新形式。

二、任务要求

1. 分小组，通过走访、网络等形式开展调研活动并收集资料。
2. 整理资料并开展主题讨论："新时代劳动形式有哪些变化？为何会发生变化？"，并形成总结材料。

三、任务实施

劳动体验——寻找新时代的劳动新形式			
任务目标	发现新时代的劳动新形式，并和传统的劳动形式相对比，体验劳动形式的多样性	发现问题	解决问题
任务实施	（1）准备：手机、支架等拍摄器材。 （2）记录：小组成员合作完成，寻找新时代的劳动新形式，并以文字、照片、视频等方式记录下来。 （3）分享：线上平台分析作品，并附作品文字说明		
过程记录			
任务总结			

四、任务评价

专业	
组名	
成员	
任务体会	
小组自评 （50 分）	评语： 分数：
教师评价 （50 分）	评语： 分数：

模块一　树立正确的劳动观念

主题三　劳动的意义

 案例导入

大峡谷里的放映员：用电影点亮生活

"嗒嗒嗒……"夜幕降临，中国西南边陲，怒江大峡谷的一家轮胎店里，胶片电影放映机齿轮转动，银幕上画面闪动起来。

46岁的杨明金是轮胎店老板，也是电影放映员。"我大概是最不务正业的轮胎店老板了，轮胎可以不卖，电影不放不行。"

25年间，杨明金播放电影4 500余场，观看群众达50万人次。他在大峡谷里点亮了电影之光。

几天前，他又进村放电影了，这次放的电影是《中国机长》。万米高空，飞机玻璃突然爆裂；客舱失压，上百乘客命悬一线；临危不惧，英雄机组力挽狂澜……观众盯着银幕，心情随着剧情跌宕起伏。

散场后，几个小孩凑到放映机前，左看右看。有人好奇地问："叔叔，光是从这里来的吗？"

杨明金看着这些孩子，不禁想起自己小时候。那时放电影是卖票的，但是杨明金没钱买票。于是他找到角落里的一个洞，趴在地上，钻进去看。

钻洞看电影，他和小伙伴成功过几次，但更多是被"活捉"。后来，他拿鸡蛋换电影票，第一次完整地看了一场《雷锋》。

那天晚上，杨明金躺在床上，脑海中全是电影的画面。他因此有了一个梦想："以后一定要让大家看免费电影！"

1998年，他从汽修学校毕业，在修车之余，买了一台放映机，从此走上放电影的路。后来，中国实施农村公益电影放映工程，杨明金成了公益电影放映员。

有一年，在泸水市六库镇赖茂村，杨明金刚放完电影，一位老人走过来说："电影要是傈僳话的就好了。"他突然意识到，老人没能听懂对白。

他打电话给电影厂，得知涂磁录音技术可以把电影配音转换成傈僳语，对着图纸鼓捣了三个多月，终于搞定了。

"傈僳话"版电影放映那天，村里男女老少都来了，场地上坐不下，有人爬到屋顶上看，还有些人爬到树上看。

散场后，一位老人拉住杨明金的手，用傈僳语对他说："这是我看得最明白的一场电影。"

杨明金说，在人生至暗时刻，是电影给了他精神力量。2018年7月8日，在放完电影回家的路上，他接到小舅子的电话：家里液化气爆炸，妻子和小女儿受伤，已经送到医院。

杨明金猛踩油门，以最快的速度赶到了医院。他冲进病房，看到全身包扎的妻子和奄奄一息的小女儿，顿时瘫倒在地。

经过抢救，妻子活了下来，全身85%的皮肤烧伤；1岁零6天的小女儿，永远停止了呼吸……

此后两年时间里，杨明金陪妻子到昆明治病，医药费前后花了200多万元。除了医保，政府也对他的家庭予以救助，不少爱心人士为他家发起了募捐。

幸运的是妻子逐渐康复了，面对人生坎坷，杨明金说是许多电影作品中主人翁的坚韧品质在心中不断勉励着他，"电影里的人能百折不挠，我为什么不能？"

杨明金希望有更多时间陪陪家人，但同样割舍不下放电影的情怀。"电影让我的生活有了光，我想用电影的光照亮更多人。"

后来，杨明金来到泸水市最大的易地扶贫搬迁安置点——和谐社区放电影，偶遇了原来住在高山上他放电影时常来帮忙的小男孩张军。

杨明金喜出望外。两年没见，小张军神采焕发，已不是原来的样子了。小张军告诉他，江边的安置房虽然没有火塘，但是很暖和，也不停电了。

村村通了公路，杨明金再也不用扛着设备爬山了。许多高山上的村寨搬到了山下的安置点，人们的文娱活动也丰富起来。

电影依然深受人们欢迎。那天，杨明金和小张军坐在一起，看了一场《红海行动》，他希望露天影院能够永不落幕。

（来源：新华每日电讯）

【思考】

结合自己的生活实际谈一谈对"劳动创造幸福生活"这句话的理解。

劳动是财富的源泉，也是幸福的源泉。人世间的美好梦想，只有通过诚实劳动才能实现；发展中的各种难题，只有通过诚实劳动才能破解；生命里的一切辉煌，只有通过诚实劳动才能铸就。因此，重申"劳动创造社会财富"这一观点，在新的历史条件下极具现实意义。虽然当代社会的劳动形态已经发生了巨大变化，但是"劳动是社会财富的重要源泉"这一观点仍然是颠扑不破的真理。

学习目标

知识目标：了解人类诞生的基本概念；理解社会发展的概念和内容。

技能目标：能够分析劳动对人类诞生、社会发展的促进作用。

素养目标：培养重视劳动、敬畏劳动的意识，懂得劳动的重要性，激发劳动热情。

模块一　树立正确的劳动观念

任务1　专题讲座——劳动在人类发展历史中所起的作用

一、劳动促进人类诞生

人是生物性和精神性存在的统一。人类的诞生，一方面体现为人与其他物种相比所具有的特殊生物属性；另一方面则表现为人具有自己独特的精神世界和文化生活。劳动与人的生物性和精神性的发展都有着非常密切的关系。马克思认为："整个所谓世界历史不外是通过人的劳动而诞生的过程，是自然界对人来说的生成过程。"劳动不仅使人获得了作为人有别于其他生物的生理特征，也在很大程度上促进了人类自由自主的类本质的发展。

（一）劳动与人的独有生物属性的发展

"人猿相揖别"是人类诞生的重要标志。然而猿究竟是怎样、在何时进化为人的，一直存在争议。直到1876年恩格斯《劳动在从猿到人转变过程中的作用》一文发表，这个问题才得到科学准确的回答。

在这篇经典文献中，恩格斯深刻地指出人与自然之间存在着一种真实的劳动关系，劳动既是人改造自然的对象化活动，也是整个人类生活的第一个基本条件。他认为，人在根本上是一种劳动性的存在，原因在于作为人类的重要特征，诸如手足、语言、大脑、思维等，都是在改造自然的劳动过程中得以形成和发展的。劳动不仅是人的本质，更是人类对自身进行生产和再生产的过程。"劳动创造人"这一科学论断，为我们正确把握人类的起源问题提供了非常重要的思想指引。

1. 劳动与人的手足机能的完善

直立行走是从猿转变到人这一过程中最具决定意义的一步，但是人能够从猿分化出来成为直立行走的动物并不是人与动物的根本区别。真正的区别在于人类的"双手被解放出来"，在于人手的自由制造和使用工具成为可能。猿手与人手虽然在骨节排列、肌肉数目上非常相似，但是在功能的灵活性上却存在天壤之别。猿手转变为人手，才让人类真正迈出了决定性的一步："手变成自由的了，能够不断地获得新的技巧，因此而获得的较大的灵活性便遗传下来，一代一代地增加着。"这意味着，"手不仅是劳动的器官，还是劳动的产物"。手的专业化意味着劳动工具的飞跃式进步，也意味着人类开始学习改造、支配和控制自然界。而劳动工具又反过来发掘了人类的潜力，延伸了人类身体中诸多器官的功能，增强了人类在自然界中谋生和发展的劳动能力。人不再像动物那样只是单纯地适应自然界，而是开始支配自然界，让自然界为自己服务。因此，劳动创造了人本身，劳动是人区别于其他动物最本质的标志。

2. 劳动与语言能力的形成

伴随着手足机能在劳动过程中的熟练使用，人类在自然界中获得了独特的位置。劳动一方面实现了人和自然之间的物质交换，另一方面，在不同形式的劳动实践中，

新时代劳动教育与实践

在与自然不断建立新的联系的过程中，人自身的属性也得到了扩展和提升。人类的语言能力，正是通过劳动才最终形成。这是因为伴随着人类集体劳动的出现，相互支持和共同协作的生产活动逐渐增多，不仅人与人之间的关系变得更加紧密，而且每个人都清楚地意识到加强彼此协作的好处。在一些共同的劳动活动中，人类逐渐意识到需要发明出一种共通的媒介以便于彼此交流。基于这一需要，人的身体器官再次发生进化，人逐渐学会发出一个个清晰的音节，语言也就应运而生。正如恩格斯所说："语言是从劳动中并和劳动一起产生出来的。"

3. 劳动与大脑思维的成熟

人类语言能力的形成，必然伴随着其他感觉器官机能的完善。例如，人类的听觉器官就会随着语言能力的发展而完善。伴随着多种感觉系统的完善，人脑逐渐成熟，从而为思维的产生提供了最重要的物质器官。此外，无论是体力劳动，还是脑力劳动，都要求手脑并用。手与脑正是恩格斯从复杂的结构的机体中选出的最能凸显劳动创造力的身体器官。一方面，大脑指挥手部做出各种各样的复杂动作，手部的触觉因为劳动方式和劳动工具的多样化而变得更加灵敏；另一方面，手部的发育又反过来促进大脑的发育和优化，大脑的信息处理能力因为手部动作的复杂而变得强大。正是通过劳动和语言，大脑才逐渐得以形成和成熟。无论是量的大小还是质的完善程度，人脑都远远超过了猿脑，这也使人类在体态特征上越来越区别于猿。

大脑的发育与人类的劳动紧密相关。在劳动过程中，伴随着人类接触自然世界的范围日益变大，大脑接收和需要处理的外界信息也就越来越多。在制造和改进劳动工具的过程中，人类更是需要不断训练和提升大脑的抽象能力和推理能力。正是这样，作为思维器官的大脑逐渐得到了进化。与此同时，"脑和为它服务的感官、愈来愈清楚的意识，以及抽象能力和推理能力的发展，又反作用于劳动和语言，为二者的进一步发展提供愈来愈新的推动力"。这种进一步的发展，并不是在人同猿分离的时刻就停止了，而是至今仍然在大踏步地前进着。这种大脑与劳动的相互影响和作用，既直接提升了人类的大脑机能，又使人类的思维能力和活动领域达到了极高的水平。大脑思维的形成，不仅意味着人类自身的潜能将得到最大限度地发掘，也意味着人类的生存与发展有了智力上的保证，还意味着人类从事物质资料生产的效率得到了显著提高。由此，人类与动物出现了真正的分化，人类彻底从动物界中独立出来，并具有了独特的体态特征。

（二）劳动与人的类本质的自由实现

人与动物相比，不仅在生理机能上存在诸多显著性差异，更在精神层面存在着本质性的不同。实际上，劳动不仅极大地改变了人的生物属性，而且也为人的类本质的自由实现提供了无限可能。

1. 人的类本质特征

在马克思看来，"动物和自己的生命活动是直接同一的。动物不把自己同自己的生命活动区别开来，它就是自己的生命活动。人则使自己的生命活动本身变成自己意志

模块一　树立正确的劳动观念

的和自己意识的对象。他具有有意识的生命活动。这不是人与之直接融为一体的那种规定性。有意识的生命活动把人同动物的生命活动直接区别开来。正是由于这一点，人才是类存在物"。在这里，马克思把"有意识的生命活动"当作人的本质，或者说，以"类"作为人的本质。而人的类特性就在于自由、自觉的活动。

2. 劳动与人的类本质的实现

劳动作为一种对象化的实践活动，是人的类本质得以充分展示的必要途径。通过劳动，人才能在对象化实践中获得对自我本质力量的真正占有，人才是自在自为的存在者。持续稳定的劳动生产，不仅为人类的生存和繁衍提供了充裕的物质资料，也为日益复杂的社会分工和集体生活提供了载体。换言之，人在劳动中诞生，又在劳动中得以发展和完善。

在人类诞生之初，劳动主要是在帮助人类更好地适应和改造自然界，而在人类社会出现之后，劳动则是人类有目的的创造性实践，是人类实现自我价值的重要方式。在这个意义上讲，劳动能够展现人的类本质，劳动不纯粹是谋生的手段。劳动自身也可以是目的，人可以通过劳动来实现自我价值。这也意味着人类的诞生不单纯是一个生物进化过程，但是劳动让人从动物中独立出来并不是一般意义上的生物进化过程，劳动还具有满足人类的自我实现这一社会性功能。因此，如果只是从人与动物相互区别的角度去理解劳动对于人的诞生的意义，仍旧无法深入理解"劳动创造人"的真正含义，我们还需要认识到劳动对于人的自由、自我实现的独特价值和普遍意义。

二、劳动促进社会发展

劳动既创造了人，也创造了社会。劳动不仅是人类社会生活的基本需要，亦是维持社会存在的重要基础，更是人类美好社会生活的价值源泉。人只有通过劳动才能建立起自身与外界、自身与他人之间的多重关系，并以此建立积累、传递和发展人类创造力量的社会机制。因此，劳动在整个人类社会存在和社会历史运行中处于关键性地位。劳动不仅是把握历史唯物主义的钥匙，亦是历史唯物主义得以建构的根本出发点和落脚点。具体而言，劳动是社会发展的根本动力，是社会财富的重要源泉，是人类文明的创造之源。

（一）劳动是社会发展的根本动力

人类通过劳动创造价值，以获得生存所需的物质资料。"任何一个民族，如果停止劳动，不用说一年，就是几个星期，也要灭亡，这是每一个小孩都知道的。"伴随着劳动能力的提升和劳动范围的扩大，人类适应、改造环境的能力也在逐渐增强。在不同地理环境和各种偶发性因素的交互影响下，人类逐渐形成了不同族群的生存方式、交往模式和群体生活。随着社会的发展，人类对社会生活的需求日渐丰富多元，人类通过劳动创造出来的行业也更加精细和多元。除了打猎和畜牧，又出现了农业，农业之后又有了纺纱、织布、制陶、冶金和航海等行业。这些不同的劳动行业代代相传、不

新时代劳动教育与实践

断衍生，构成了维持不同社会运行的基本劳动形态。

与此同时，异质性的人类共同体不断扩大，逐渐从氏族部落发展成了民族和国家。而在这过程中，大脑和思维的活动在劳动中的重要性日益凸显。人接触自然界的范围日益广阔，人类的实践活动逐渐复杂，科学、法律、艺术、宗教等人类意识发展的高级形态也就开始兴盛。此外，生产方式和生产工具的变革意味着社会的生产效率和生产力水平的显著提高，而生产力的发展又反过来推动了社会制度的变革。在生产工具、生产方式和生产力的不断变革中，人类社会的形态也逐步由原始社会向奴隶社会、封建社会和资本主义社会过渡。尤其是自18世纪以来，由于自然科学与劳动实践相互结合，科学知识与生产流程紧密配合，人类社会逐渐拉开了工业革命的序幕，这在客观上为人们改造、支配自然界提供了强大的技术支持和丰富的物质资料。可见，从原始社会到现代社会，劳动始终是延续和发展人类社会的根本动力。

在马克思看来，人类的历史其实就是一部劳动史。只有人类的生产劳动才真正构成人类社会发展的基础，才是解开人类历史发展秘密的钥匙。他说："人们为了能够'创造历史'，必须能够生活。但是为了生活，首先就需要吃、喝、住、穿，以及其他一些东西。因此第一个历史活动就是生产满足这些需要的资料，即生产物质生活本身，而且，这是人们从几千年前直到今天单是为了维持生活就必须每日每时从事的历史活动，是一切历史的基本条件。"由此可见，只有立足于生产劳动才能真正理解人类历史的发展，只有劳动人民才是历史的创造者，而人类创造历史的实践就蕴含在日常生产劳动之中。

 延伸阅读

农业劳动工具的变革与社会发展

"工欲善其事，必先利其器。"农业劳动工具作为农业劳动主体手脚的延伸，作用于农业劳动对象是生产农业物质产品和农业审美产品的各种工具的总称。农业劳动工具的日益复杂化和精良化，是推动农业社会生产力发展的重要因素。从工具的复杂程度来看，其主要分为如下四类。

一是简单工具。这类工具是农业劳动主体手脚的延伸，仅仅靠手工操作，人力的增强服从或等同杠杆原理。不同体力的人使用效果不同，一般来说，体力愈大使用效果愈好，如锄头、镰刀、扁担和水桶等。

二是半机械工具。这类工具也是劳动主体手脚的延伸，但并不纯粹，靠手工和机械同时作用，既服从杠杆原理，又服从机械原理，使用效果既取决于人力，又取决于机械力，如喷雾器、风车、水车和手摇井等。

三是机械工具。这类工具也是劳动主体手脚的延伸，但主要依靠的并不是手脚直接作用下的人力，而是手脚操作下的机械力，完全服从机械原理，使用效果几乎全部取决于机械力，如手扶机、拖拉机和机井等。

四是智能工具。这类工具虽是劳动主体手脚的延伸，但几乎不依靠人力和机械力，完全依靠人类智能，通过智能化的设施，在科学原理的指导下，作用于农业劳动对象，如电子计算机、电子测肥器等。

（二）劳动是社会财富的重要源泉

自然界只是为劳动提供材料，只有劳动才能把材料变为财富。英国古典政治经济学家威廉·配第有一个著名的说法，"土地是财富之母，劳动是财富之父"。亚当·斯密作为劳动价值论的奠基者，认为劳动是衡量一切商品交换价值的真实尺度，他在《国富论》开篇指出："劳动是一切国民财富的源泉。"马克思高度评价了以上观点，并在《资本论》中提出了较为完整的劳动二重性理论，即把劳动区分为具体劳动和抽象劳动。具体来看，劳动的二重性统一于劳动过程之中，"一切劳动，一方面是人类劳动力在生理学意义上的耗费；就相同的或抽象的人类劳动这个属性来说，它形成商品价值。一切劳动，另一方面是人类劳动力在特殊的有一定目的的形式上的耗费；就具体的有用的劳动这个属性来说，它生产使用价值"。在这里，马克思把商品看成使用价值和价值的统一体，不同形式的具体劳动主要决定使用价值，而凝结在商品中的一般的、无差别的抽象劳动则是形成商品价值的唯一源泉。由此，马克思确定了价值是凝结在商品中的抽象劳动，抽象劳动的价值成为商品价值的一般尺度，而劳动的自然尺度是劳动时间，因而就可以用抽象劳动时间量来衡量商品的价值量。

（三）劳动是人类文明的创造之源

劳动是一切人类社会物质财富和精神文明的来源，是确保人类社会存在、发展的动力和条件。通过劳动，人类的社会生活发生了天翻地覆的变化，人类的生理需要、安全需要和自我实现需要等均得到了满足。无论是饮食、服饰、器具等日常生活资料，还是道路、桥梁、通信等基础设施，均依赖人类的辛勤劳动，都是人类通过劳动对自然物质进行改造或创造的结果，是人类消耗体力和脑力的劳动成果。通过种植作物和驯化家畜，人类自身得以繁衍；通过设计和生产服饰，人类得以遮身蔽体和防寒保暖；通过筑造房屋，人类得以抵御风雨侵袭和野兽伤害；通过创造性劳动，人类得以充分享有现代文明生活。劳动不仅创造了社会物质财富，也创造了人类的灿烂文明。

世界上绝大多数精神文明的成果，都是人类在进行物质生产劳动的过程中创造出来的。在一定意义上讲，艺术的产生与劳动也有着极其紧密的联系。舞蹈作为人类历史上最早的艺术形式之一，最初就是对人类劳动生活的复刻和模仿，继而成为人类抒发感情的文化活动。在原始人创造的一些洞窟壁画中，我们常常能发现原始人为庆贺狩猎成果和种植收获而载歌载舞的场景。尽管这些艺术形式的劳动不像物质生产活动那样作为维持人类生存、发展的手段而存在，但淋漓尽致地展现了人类劳动的精神品性，它们同样是人类创造性劳动的物化形式。

人类在进行物质生产的过程中，不仅追求实用价值，还重视审美体验。劳动还促成了诗歌、神话、传说等文学作品的诞生。劳动是所有人类文明得以存在和发展的基本条件，也是人类审美活动的主要内容。有充分资料证明，文学诞生于以劳动为中心的人类生产活动,最早的文学样式就是原始劳动歌谣。考查这些最早的文学作品,可以发现它们往往和原始的宗教祭祀活动相互结合。而原始的宗教祭祀多源于人类早期的劳动行为,如狩猎、种植、烹饪、炼药等。换言之,正是因为劳动,人类才有了创作文学作品的需要。女娲补天、精卫填海、愚公移山、大禹治水等神话传说无一不是在体现中华民族对劳动生活和劳动智慧的崇尚和赞美。我国最早的诗歌总集《诗经》中,就有大量劳动题材的内容,通过质朴的文字描绘出一幅幅欢快愉悦的劳作场面。通过吟诵这些劳动歌谣,古人得以在劳作中减轻疲劳,以及获得一种审美体验。

劳动是人类的本质活动,劳动光荣、创造伟大是对人类文明进步规律的重要诠释。这意味着,实现中华民族的伟大复兴和中华文明的繁荣昌盛,离不开各行各业人们的辛勤劳动和创造性劳动。全面建成小康社会,建设富强、民主、文明、和谐的社会主义现代化国家,根本上需要依靠劳动,依靠千千万万的普通劳动者来完成。人类社会的所有智慧皆源于劳动,所有的人类文明成果皆是从劳动中而来。劳动永远是人类生活的基础,是人类文明和幸福生活的源泉。

【思考】

如何理解"劳动创造人"?为什么说"劳动是社会财富的源泉"?

任务2 小组讨论——我们在新时代为何还要劳动

劳动对于个人多方面需求的满足,具有十分重要的地位和作用。在很大程度上,离开了劳动,个人既失去了赖以生存的基本物质前提,也失去了其精神世界的丰富性和社会关系的全面性。

然而,在物质生活极大丰富的新时代,社会上有一部分人产生了"不劳而获""啃老"等错误想法,企图不劳而获,最后走上触犯法律、违背道德的道路,对自身和家庭都造成难以挽回的伤害。

同学们围绕"我们在新时代为何还要劳动"这一话题展开讨论,并将讨论结果以文字形式记录下来。

一、任务目的

为增强学生对"大学生为什么要劳动?劳动的作用和意义有哪些?在新时代背景下不劳动行不行?"等问题的深刻认识,理解劳动对人和社会的促进作用,树立正确的劳动观,以"我们在新时代为何还要劳动"为主题开展讨论活动。

二、任务要求

(1)积极、真实参与活动,不弄虚作假。活动资料真实有效。

(2)以小组为单位开展活动,分工明确,配合得当,不得无故缺席。

(3)注意活动纪律。

三、任务内容

（1）划分小组，搜集身边的例子，在网络、报刊等渠道搜集资料，形成小组意见。
（2）开展主题讨论活动。
（3）整理主题讨论活动资料，形成总结报告。

四、任务实施

<table>
<tr><td colspan="5" align="center">小组讨论——我们在新时代为何还要劳动</td></tr>
<tr><td>任务目标</td><td colspan="2">挖掘劳动的深刻意义，理解劳动对人和社会的促进作用，树立正确的劳动观</td><td>发现问题</td><td>解决问题</td></tr>
<tr><td>任务实施</td><td colspan="2">（1）记录：以小组为单位，围绕"我们在新时代为何还要劳动"这一话题展开讨论。记录各方观点，并形成总结报告。
（2）分享：线上平台提交总结报告，交流讨论心得</td><td></td><td></td></tr>
<tr><td>过程记录</td><td colspan="2"></td><td></td><td></td></tr>
<tr><td>任务总结</td><td colspan="2"></td><td></td><td></td></tr>
</table>

五、任务评价

专业	
组名	
成员	
任务体会	
小组自评 （50 分）	评语： 分数：
教师评价 （50 分）	评语： 分数：

模块一 树立正确的劳动观念

主题四 如何开展劳动

案例导入

从"白衣天使"到"橙衣天使",昆明这个"90后"转行5年蜕变成劳模

如果不说,没有人会把留着一头长发的爱笑女孩唐露平(见图1-14、图1-15)与环卫工作结合起来,"只要自己看得起自己,又不偷不抢,能把这个事做好,那就是本事"。选择拿起扫帚走上马路之前,唐露平用这句话驳斥了一切反对她的声音。

图1-14 橙衣天使——唐露平

图1-15 唐露平工作场景

2011年,唐露平从护理专业毕业,先后在昆明两家医院做过护士。由于工作地点离家远,不方便照顾年迈的父母,工作4年后,她放弃了医院护士的工作,选择成为一名道路保洁员。"刚开始干环卫,大家都说这个工作我肯定干不好、干不长,我还非不信这个'邪'!"那时的唐露平面对一片质疑声,决定用行动来回击。

刚接手道路清扫保洁工作时,唐露平的作息时间是每天凌晨3点起床,3点半到路上作业,6点半普扫结束吃早饭,7点上路保洁,11点半吃饭稍作休整,13点继续上路保洁,细算下来,每天在岗时间将近12个小时。

唐露平坦言,最开始没人支持她,只是爸爸的一句"年轻人多锻炼锻炼也好"支撑着她。"其实我也说不清楚为啥要做这份工作,和我一起进公司的邻居嫌苦没坚持下来,那么多人也觉得我坚持不下来,我就偏要做给他们看。"正是有了这股不服输的劲头,唐露平在环卫工人这条又苦又脏的路上,可以走得更宽更远。

通常情况下,一个路段扫两遍即可,可唐露平偏要扫个四五次。"我年轻嘛,走得动,多扫几遍也无妨。"在唐露平朴实的话语中,没有"90后"女孩的娇气。她脑筋活,点子多,遇到困难总是想方设法解决。通过长期的经验积累,她还创造出了一套"扫地经":重点路段勤打扫,人多之处见空扫,垃圾多时突击扫,饮食摊旁轻轻扫,灰尘多时压着扫……

一年多后，凭着肯吃苦、不怕累，做事任劳任怨的精神，唐露平成为班组长，并一步步晋升。6年时间里，她从路段保洁员到班组长再到片区主管，如今的她已是云南京环盘宸公司事业二部副经理。

做保洁员的时候，唐露平只干好自己的事就行。但做管理工作后，现在的她要统筹做好整个事业部近200人的管理。所辖180余万平方米的道路如何分配保洁员、有紧急任务时如何调整作业分工、如何提升作业质量等，她都要全盘考量。

即便做了管理工作，唐露平依然天天坚守在路段上，员工几点上班她就几点上班，有时候晚班员工都下班了，她还一直坚守在路段上，干起活儿来愈发不敢有半点松懈。

去年，唐露平还被评为"云南省劳动模范"。谈起这几年的变化，她说："我用实际行动打破了大家的质疑，看着春城的环境卫生在我们手中变得越来越好，我也觉得骄傲和自豪。"

（来源：开屏新闻客户端）

【思考】
文中的主人公唐露平从事的是哪种劳动形式？你熟悉的劳动形式有哪些？

学习目标

知识目标：了解热爱劳动、积极劳动、劳动成果的含义；了解尊重劳动成果的内容。

技能目标：掌握养成劳动习惯、培养劳动技能的方法；能根据自身特点坚持养成良好的劳动习惯，掌握必要的劳动技能。

素养目标：培养奋斗精神。

任务1　专题讲座——如何在今后的职业中开展劳动

一、端正劳动态度

《大中小学劳动教育指导纲要（试行）》明确规定，要树立正确的劳动观念，正确理解劳动是人类发展和社会进步的根本力量，认识劳动创造人、劳动创造价值、创造财富、创造美好生活的道理，尊重劳动，尊重普通劳动者，牢固树立劳动最光荣、劳动最崇高、劳动最伟大、劳动最美丽的思想观念。

"三百六十行，行行出状元。"青年学生要树立劳动平等观和职业平等观，尊重每一份劳动，善待每一个工作岗位。人们只有从心里尊重劳动、尊重自己所从事的工作，才能真正取得成功。

模块一　树立正确的劳动观念

（一）热爱劳动

热爱劳动是劳动者对劳动的积极心理态度，是创造众多社会奇迹的劳动者所共有的品质。只有基于对劳动的热爱，劳动者才能最大限度地发挥自己的聪明才干，提高劳动效率，进而体会到自我价值实现的满足与喜悦。反之，如果对劳动不能形成由内而外的热爱，那么劳动则会异化为外在的束缚和枷锁，人在劳动中必然就不会感到幸福。

（1）热爱劳动是一种美德。

高尔基说："我们世界上最美好的东西，都是由劳动、由人的聪明双手创造出来的。"其实我们生来就是一群劳动者，热爱劳动更是中华民族的传统美德，我们理应将它传承下去。

劳动在于创造，即创造性地进行劳动。劳动是人的实践活动，可以增长见识。劳动是快乐的，可以培养学生良好的品质。

（2）热爱劳动要从热爱本职工作做起。

热爱劳动是中华民族的优秀传统。目前，我国经济已迈入高质量发展阶段，社会分工日益精细，每一种职业都和其他职业相互依存，每一种正当合法的职业都有其存在的价值和意义。青年学生只有坚守热爱劳动的价值观念，继承和发扬热爱劳动的优良美德，才会心甘情愿地劳动，实现由"要我劳动"到"我要劳动"的转变，才会心悦诚服地认同劳动，在工作岗位上埋头苦干。

（二）积极劳动

积极劳动就是指以积极的态度完成劳动任务。积极劳动具有两个方面的意义，一是高质、高效地完成他人交代的劳动任务；二是积极主动发现并完成潜在的劳动任务。

（1）高质、高效地完成他人交代的劳动任务。

同一个人在不同的社会群体中需要承担不同的责任和义务，完成不同的劳动任务。比如在家庭中要做饭洗衣，在宿舍中要打扫房间，在工作中要完成工作任务，在志愿服务中要服务社会。我们要欣然接受被安排的劳动任务，以积极的劳动态度完成任务。

及时行动是积极主动的特点之一。然而，有些人会觉得，安排给自己的劳动任务都是一些重复性任务，自己对任务不感兴趣而又不得不完成，由此产生了对劳动任务的抵触心理，在执行任务时能拖则拖。久而久之，他们面对劳动任务，就养成了消极拖延的习惯；拖延之后，又由于时间紧迫，随便应付了事，这样既无法保证劳动质量，也体会不到劳动带来的成就感，从而更加抵触劳动任务，由此就陷入了拖延和抵触的恶性循环。要克服拖延心理，就要在接到劳动任务之后，给自己设定任务的完成期限和完成标准，充分利用劳动时间，合理分解劳动任务，及时付诸行动，高效地完成任务。

懒惰的人遇到困难时，往往采取的是等待和拖延的应对方法。这种人不会勇敢面对困难，只会知难而退，还为自己的退却找一大堆借口。所以，在劳动过程中，我们一定要坚决克服"等靠要"思想，要制订短期目标，如每天收拾屋子、打扫卫生等，让自己体验劳动后的愉悦，并放大这种愉悦，使劳动成为一种习惯。

（2）积极主动发现并完成潜在的劳动任务。

人们通过积极主动的劳动能增强职业认同感和劳动自豪感，增强创意物化能力，培育不断探索、精益求精、追求卓越的工匠精神和爱岗敬业的劳动态度。

职场人需要具备的重要素质是主动思考、"眼里有活"，而不是被安排什么劳动任务就只完成什么劳动任务，认为其他的劳动任务都是分外的，不是领导安排的都不应该去做。比如你去一家公司面试，进门时发现门口有一张废纸，这时你会怎么做？再如领导让你准备一个活动的开幕式，你应该至少准备3套方案供领导选择，并提供相关的人员、费用等数据。

想在人先，勇于迈步。有主动思维习惯的人会主动琢磨自己该干什么，以及怎么干。养成主动出击的好习惯，让自己成为一个"眼里有活"的人。

二、尊重劳动成果

劳动成果就是人们通过创造物质财富或精神财富而形成的一种收获。人类社会的一切财富源于劳动创造。从微观的角度看，医生做的每一台手术，导演和演员制作的每一部电视剧和电影，设计师和建筑工人建造的每一座大楼，厨师做的每一道菜肴，都是劳动成果。

劳动不仅是伟大的，还是神圣的。劳动创造了物质生活，也创新了精神生活。劳动没有高低贵贱之分，不论是体力劳动还是脑力劳动，不论是简单劳动还是复杂劳动，一切为社会主义现代化建设作出贡献的劳动，都是光荣的，也都是必需的，都应得到承认和尊重。"尊重劳动、尊重知识、尊重人才、尊重创造"是党和国家的重大方针。

（一）树立劳动平等观和职业平等观

无论劳动者从事何种形式的劳动，只要是正当的、合乎道德和法律的，都是光荣的，没有高低贵贱之分。

（二）尊重劳动者

劳动者是劳动承载者，尊重劳动成果就要尊重劳动者。劳动是光荣而艰辛的，是平凡又温暖的，例如，广大医护工作者、解放军战士、社区工作者、外卖骑手等，他们不求名利，冲在一线，使我们可以安心地学习和生活。

劳动者不应被歧视、侮辱，这需要社会各界齐心协力，让尊重劳动者成为一种社会责任。

（三）积极参加劳动实践

积极参加劳动实践不仅可以增进我们对社会的了解和认识，还可以帮助我们树立正确的世界观、人生观、价值观。青年学生要通过积极参加劳动实践增强社会责任感，

模块一　树立正确的劳动观念

明确自己的历史使命，真正实现思想观念的转变。

三、养成良好的劳动习惯

劳动习惯是一个人在长期劳动中形成的，是通过千锤百炼、在一次次劳动实践中练就的。如果个体能经常性地参加劳动，时间久了，就会逐渐形成劳动习惯。

在新时代，高职院校在实施劳动教育时，从目标到内容再到评价，都要重视对学生劳动价值观和劳动精神品质的培养，通过不懈的训练和实践，帮助学生养成良好的劳动习惯。

（一）在日常生活中养成良好的劳动习惯

劳动习惯是在一点一滴的积累中逐渐养成的。对培养素质全面的未来人才来说，劳动习惯和劳动技能素质是不可缺少的。首先从培养劳动意识入手，学生通过观察长辈和他人的劳动活动，学会尊重他人的劳动；学生也可以在老师的引导下创造劳动成果，亲身体会劳动带来的喜悦与甘甜。其次是培养劳动兴趣，学生要主动参加多种方式的劳动教学活动，有意识地培养自己的劳动能力，在具体的活动中积极进步，让劳动兴趣自然产生，劳动习惯逐步养成。最后是积累劳动实践，个体劳动习惯的养成需要劳动的投入与情感的投入，离不开勤奋努力的实践锻炼，更离不开个体对劳动的正确认识与态度。因为态度比能力更重要，习惯的养成与坚持是劳动的本质要求，也是劳动最珍贵的地方。

（二）注重培养劳动技能

学生不仅要注重培养各方面的劳动习惯，更要注意培养自身的劳动技能。劳动绝对不是随意地做，而是依靠一定的知识和技能，或者一定的手艺做。因此，劳动技能是劳动的基本前提，也是首要前提。劳动是理论与实践的统一，是学与做的结合，掌握劳动技能是前提和基础，是手段也是目的。事实上我们认识劳动往往是从某种技能开始的，可以说，劳动既是一种知识学习，也是一种能力锻炼；劳动既是一种经验积累，也是一种理性思考；劳动既是一种行为活动，也是一种精神态度。

 延伸阅读

张志平：29 年春运足迹见证铁路发展

"司机手账、IC 卡、提示卡、录音笔、手持机已全部领取……" 2023 年 1 月 10 日，张志平将担当 45217 次"江村站—广州国际港—江村站"小运转货物列车的值乘任务。与往常一样，他早早到达派班室，做好开车前的准备工作。

张志平是广州机务段江村运用车间广珠货车队的一名党员司机。自 1994 年参加工作以来，他多次参加新线开通的试运行和首发"试飞"任务，在 29 年的春运足迹中，见证了铁路的高速发展。

作为安全公里位居前列且内燃、电力机车均能操纵的 A 证司机，张志平是车间干部职工心目中的"王牌试飞员"，每当有急难险重任务时，车间和车队首先想到的就是他。

"春运期间，我们作为火车司机更要绷紧安全这根弦，特别是在检车作业时，容不得半点差错。"张志平对身旁的徒弟胡伟平说。每逢值乘间隙，他总会找准时机，在现场开展"传帮带"活动。

张志平带徒弟是出了名的严厉，但新入职员工却又都想成为他的徒弟。截至 2022 年 12 月，张志平已成功带出 37 名优秀的机车司机。

（来源：新华网客户端）

四、培养劳动技能

劳动技能是指在生产过程中，岗位对劳动者素质方面的要求，主要反映岗位对劳动者的技能要求。劳动技能是在日常的劳动中形成、在劳动实践中不断精进的。了解劳动技能的内涵可以帮助学生有意识地培养劳动技能，清晰地认识所学专业和职业所需的劳动技能，并在劳动实践中不断训练和提高自己的劳动技能。

（一）培养沟通协调能力

1. 认识沟通协调能力

在劳动过程当中，沟通协调是必不可少的，有效的沟通可以提高劳动效率。实施劳动计划是一项系统性工作，涉及时间、人员、方法、步骤的协调与调整。作为具体的劳动计划实施者，劳动任务不是一个人就能完成的，需要许多人的协作配合。在协作配合的过程中，如果沟通交流不及时，可能会造成误工、差错，甚至会发生重大事故。

有效沟通便于劳动者掌握相关信息动态，以便作出相应调整。每个人的思维习惯、劳动能力有差异，做事方法不一样，因此，我们需要在劳动过程中加强沟通协调。

沟通不仅是工作的要求，更是提高效率和提高工作能力的要求。沟通协调建立在平等的基础上，与人沟通交流时不要存有偏见和敌意，要及时、诚恳、耐心地听取他人的意见，学习他人成功的劳动经验和方法。

2. 增强沟通协调能力

增强沟通协调能力的方法有很多，在劳动过程当中，我们可以采用以下三种方法。

（1）明确目标。

在实际劳动过程当中，80% 的问题都需要通过沟通来解决，沟通的前提是要明确沟通的目的。比如完成家庭劳动任务时，我们首先要明确做什么、怎么做、什么时候完成，以及要达到什么样的效果。

（2）达成共识。

沟通涉及双方，一方是信息发送者，另一方是信息接收者。参与沟通的人在整个过程中互为信息发送者和接收者，并且这个过程中会有很多的干扰因素，容易出现一方发送了信息，另一方接收了信息，但接收方并不明白发送方的本意的情况。因此，沟通过程中要及时确认对方的意思，与对方达成共识。

（3）有效反馈。

在劳动过程中，往往会发现沟通的过程是一个人在说、一群人在听，不能得到及时、有效的反馈。这个时候，需要把自己想表达的、自己的情感，以及对对方信息的理解及时反馈给对方，这样有助于提高劳动效率。

（二）培养自我管理能力

自我管理能力是指依靠主观能动性，按照社会目标，有意识、有目的地对自己的思想、行为进行转化、控制的能力。在劳动过程当中，自我管理能力主要包括以下四个方面。

1. 心态管理

心态决定行为，行为决定习惯，习惯决定性格，性格决定命运。心态管理就是让积极心态主导自己，让消极心态通过一个不损害他人的方式消散，或通过修身律己使之影响变小。劳动者的心态管理就是通过了解劳动者的心态差异，在充分尊重本人尊严、价值及情感的基础上，不断提高劳动者对组织的满意度和认可度，让劳动者无论是在独自劳动，还是在团体合作劳动的情况下，都有强烈的责任感、归属感和自由感。

2. 自我激励

自我激励是潜藏着的一种神秘而有趣的力量。劳动者在劳动过程当中要不断地自我激励，始终保持前进的动力。劳动者还要学会运用"目标卡""名言警句"等工具实现自我激励，尤其是在劳动过程中感到比较困难和艰苦时，更需要自我激励。

3. 情绪管理

劳动者在劳动过程中要学会控制、化解不良情绪，用合理的方法、正确的方式调整情绪、控制情绪。同时要保持乐观的劳动心态，理解自己的情绪，适度放松自己的情绪。

4. 自我反思

反思是成长的加速器，在劳动过程中，劳动者要留有足够的时间去反思。劳动者要不断反思成功的做法，积累经验；反思失败的做法，学会正确归因，纠正不良的劳动方法和习惯。自我反思是劳动过程中的指南针，劳动者在反思中学习和进步。自我反思会带给劳动者希望，并为劳动者指明方向，会让劳动者将目光放远、放宽。

（三）培养有效解决问题的技能

劳动者在劳动过程当中要善于分析问题，增加知识储备，以问题为中心，进行深入的思考。当然在劳动过程当中，这种能力的培养需要一个渐进的过程，需要在实践中不断积累和磨砺。要培养劳动者有效解决问题的技能，可以按以下步骤进行。

1. 分析问题

分析问题最快的方法就是拆分问题。当遇到一个问题时，首先要了解这个问题的原因、背景和解决的关键点，然后将问题拆分成几个可解决且易分析的问题。例如，遇到一个技术难题时，可以将它拆分成三个部分。第一，事实是什么？第二，难题产生的原因是什么？第三，解决难题的关键点和突破口在哪里？

2. 快速迁移

快速迁移是培养有效解决问题的技能最关键的一步。即每遇到一个问题，就可以判断这个问题和以往哪些问题类似，并知道有哪些方法可以解决这一问题。

3. 提出方案

要解决问题，首先需要了解问题产生的真实原因，弄清楚问题根源；然后寻求多种解决问题的方式；最后再制订相应的方案。

4. 作出决策

只有知道问题产生的原因和解决问题的目的，才能作出最佳的决策。

5. 总结问题

多总结自己做过的事情和解决过的问题，这样会快速提升自身解决问题的技能。

课后活动

活动主题：我为师生来服务。

活动内容：以小组为单位，通过自己的专业技能帮助身边有需要的老师和同学，进行劳动实践，服务群众，回报社会。

活动要求：每组确立自己的服务主题，开展技能服务活动，并总结活动成效。

任务2　劳动体验——走出校门　社会实践

大学生社会实践是大学生在高校人才培养目标的引导下，以大学为依托，以社会为舞台开展的接触社会、了解社会、服务社会，并从中接受教育、培养综合素质的一系列有组织、有计划活动的总称。大学生是社会实践的主体和实际运作者。故社会实践的开展既要充分激发大学生的主观能动性，也需要以大学为依托，在教师和家长的引导下开展。

社会实践是青年学生练就过硬本领的"大熔炉"。习近平总书记多次强调，青年要成长为国家栋梁之材，要读万卷书、行万里路，既多读有字之书，也多读无字之书，注重学习人生经验和社会知识，注重在实践中加强磨炼、增长本领；要不怕困难、攻坚克难，到基层、到西部、到祖国最需要的地方去，做成一番事业、做好一番事业。

模块一 树立正确的劳动观念

大学生社会实践本质上是实践，它有别于理论学习，是课堂教育的补充、完善和提高。

一、任务目的

大学生充分利用寒暑假时间，参加个人或者集体社会实践活动，要走出校门、深入基层、深入群众、深入实际，用所学专业知识服务社会，学会独立面对各种困难，磨炼意志，提高个人能力，促进个人成长，实现自我价值和社会价值。

二、任务要求

（1）可根据个人情况，开展个人社会实践活动或者参加团队集体社会实践活动。社会实践的形式是多样化的，如政策宣讲、科技扶持、爱心公益、下乡支教、创新创业实践、美丽中国建设、社会调查、挂职锻炼、社区服务等。

（2）提前告知家长并获得支持，注意活动期间人身安全。

（3）参加集体活动要有团队意识，要充分发挥团结合作和吃苦耐劳的精神。

三、任务内容

（1）提前做好活动方案，规划行程安排。

（2）做好社会实践记录，活动结束撰写社会实践报告。

（3）社会实践报告要秉持严谨的科学态度和认真求实的精神，客观评述现状并分析问题；明确提出所针对的现状或问题，明确交代在调查这一现状或问题时所获得的事实材料，分析出其症结所在，并提出可行的建议或对策；采用的事实材料和所揭示的问题要有代表性；调查材料所得出的结论有说服力，把被调查的情况完整、系统地呈现清楚，不能疏漏事实过程和必要环节。

四、任务实施

任务实施	劳动体验——走出校门　社会实践	存在的问题	解决办法
	（1）准备：根据个人情况，选定社会实践项目，拟定好实践方案，做好相应准备。 （2）记录：为整个活动过程中重要的环节拍摄图片或者视频。 （3）分享：线上平台分析社会实践方案和报告，要求图文并茂，不少于3000字		

续表

	劳动体验——走出校门　社会实践		
过程记录			
任务总结			

五、任务评价

专业	
组名	
成员	
任务体会	
个人自评 （50 分）	评语： 分数：
教师评价 （50 分）	评语： 分数：

模块一　树立正确的劳动观念

主题五　如何安全劳动

> **案例导入**
>
> ### ××省××科技有限公司"4·21"较大中毒窒息事故
>
> 2021年4月21日13时43分，××省××市××科技有限公司在三车间制气釜停工检修过程中发生中毒窒息事故，造成4人死亡、9人中毒受伤，直接经济损失873万元。事故发生的原因是，在4个月的停产期间，制气釜内气态物料未进行退料、隔离和置换，导致釜底部聚集了高浓度的氧硫化碳与硫化氢混合气体，维修作业人员在没有采取任何防护措施的情况下，进入制气釜底部作业，吸入有毒气体造成中毒窒息。救援过程中，救援人员在没有采取防护措施的情况下多次向釜内探身、呼喊、拖拽施救，致使现场9人不同程度中毒受伤。
>
> 主要教训：
>
> 一是涉事企业法律意识缺失、安全意识淡薄。未落实安全生产主体责任，违规组织受限空间作业，作业前作业人员未申请受限空间作业票。
>
> 二是安全风险辨识和隐患排查治理不到位。涉事企业未按规定要求开展自检自查，未辨识出三车间制气釜检修存在氧硫化碳和硫化氢混合气体中毒窒息风险，未制定可靠防范措施。
>
> 三是安全管理混乱。涉事企业未按规定设置分管安全生产负责人，安全管理制度不完善，未建立安全风险管控制度。
>
> 四是涉事企业对作业人员岗位培训不到位，应急处置能力严重不足。未组织开展应急预案培训及演练，作业现场未配备足够的应急救援物资和个人防护用品。
>
> 五是地方党委政府未统筹好发展和安全的关系。安全发展理念不牢，红线意识不强，化工项目准入门槛低且把关不严，在安全基础薄弱、安全风险管控能力不足的情况下，盲目承接异地转移的高风险化工项目。
>
> （来源：××省应急管理部）

【思考】

安全责任事故中企业和管理、安全排查、作业人员的安全培训哪个更重要？

近年来，我国经济高速增长，取得了举世瞩目的成就。但是，在经济快速增长的背后却付出了巨大的社会成本，如生态环境恶化、自然资源枯竭等，其中也包括越来越严重的劳动安全问题。随着各类生产安全事故频繁发生，安全生产形势极为严峻。

安全生产是指在社会生产活动中，通过人、机、物料、环境的和谐运作，使生产过程中潜在的各种事故风险和伤害因素始终处于有效控制状态，切实保护劳动者的生命安全和身体健康。也就是说,安全生产是为了使劳动过程在符合安全要求的物质条件和工作秩序下进行,防止人身伤亡和财产损失等生产事故的发生,消除或控制危险有害因素,保障劳动者的安全健康和设备设施免受损坏、环境免受破坏的一切行为。安全生产是安全与生产的统一,其宗旨是安全促进生产,生产必须安全。搞好安全工作,改善劳动条件,可以调动职工的生产积极性;减少职工伤亡,可以减少劳动力的损失;减少财产损失,可以增加企业效益,无疑会促进生产的发展;而生产必须安全,则是因为安全是生产的前提条件,没有安全就无法生产。

> **学习目标**
> 知识目标:了解劳动安全和劳动保护的内涵,掌握必要的劳动安全和法律常识。
> 技能目标:在生活和生产劳动中具有劳动保护能力,并能做到安全生产,当权益受到侵害时能够通过合法途径进行权益维护。
> 素养目标:养成安全生产的习惯,培养劳动保护权益意识。

任务1 专题讲座——劳动安全规范

一、劳动安全

(一)劳动安全的基本内容

劳动安全是指在生产劳动过程中,防止中毒、车祸、触电、塌陷、爆炸、火灾、坠落、机械外伤等危及劳动者人身安全的事故发生。劳动安全,又称职业安全,是劳动者享有的在职业劳动中人身安全获得保障、免受职业伤害的权利。劳动安全问题具有很强的内部性。建立健全工伤保险制度,将劳动安全监管与工伤保险制度结合起来。

在实际的生产劳动过程中,劳动安全问题的产生往往是多种因素综合作用的结果,需要综合治理。从造成劳动安全问题的原因看,既有人为因素,由于劳动者个人缺乏安全知识和安全意识,操作失误而造成的安全事故;也有物的因素,因生产环境和安全条件存在安全漏洞而出现的生产事故;还有人为因素和物的因素共同造成的事故。按生产劳动岗位性质的不同,还可以将可能发生的劳动安全问题分为以下几类:在矿井中可能发生的瓦斯爆炸事故;在机械加工过程中可能发生的绞碾、电击伤害;在建筑施工过程中可能发生的高空坠落、物体打击;在交通运输过程中可能发生的车辆伤害事故;在有毒、有害工作场所中可能发生的职业病害等。

除了上述因生产劳动的直接因素导致的劳动安全问题,广义的劳动安全问题还包

模块一　树立正确的劳动观念

括由间接因素导致的安全问题，如劳动者工作时间太长会造成过度疲劳、积劳成疾；女性职工从事过于繁重的或有害女性生理卫生的劳动也会对女性劳动者身体造成危害等。

由此可见，保障劳动安全不仅指在生产劳动过程中要防止中毒、车祸、触电、塌陷、爆炸、火灾、坠落、机械外伤等危及劳动者人身安全的事故发生，还要防止由于不当的工作时间和工作强度造成的健康问题的产生。因此，为保障劳动者的劳动安全与卫生，不仅需要国家制定相关劳动保护的法律法规，对企业用人单位的生产安全进行严格管理，还需要劳动者个人掌握必要的劳动安全知识，自觉遵守生产劳动安全规范，增强劳动安全意识，做好个人安全保护工作。

（二）劳动保护的基本内容

劳动安全保护，又称劳动保护，是指以保障劳动者在生产劳动过程中的安全与健康为目的的工作领域及在法律、技术、设备、组织制度和教育等方面所采取的相应措施。这些措施包括安全技术规程、劳动卫生规程、对女职工和未成年工的特殊保护，以及各种劳动保护管理制度等。

劳动保护的特征：享有保护权利的是劳动者，负有保护义务的是用人单位；保护的对象是劳动者的安全和健康；保护的范围仅限于劳动的过程。

劳动保护的内容主要包括安全技术保护、劳动卫生与劳动条件保护、工作时间与休假保护、女职工和未成年工特殊保护四个方面。

（1）安全技术保护是指为防止工作中的伤害事故，保证生产过程中的人身、设备和生产安全所采取的各种措施，例如，针对矿山、建筑、冶金、机械制造、化工交通运输、防火防爆等行业的安全技术规定与标准。

（2）劳动卫生与劳动条件保护是指为保障劳动者的身体健康，防止职业危害，预防职业病所采取的一系列标准规定及措施，主要预防各种粉尘、有毒物、物理环境危害、致病生物危害等，以及威胁劳动者身心健康的因素。

（3）工作时间与休假保护是指根据法律法规的规定，用人单位有义务合理组织劳动者的工作时间、休息休假，有义务按规定发放给劳动者应有的报酬，劳动者有义务遵守企业劳动纪律等规章制度。

（4）女职工和未成年工特殊保护是指根据法律法规规定，用人单位应考虑女职工的生理特点及抚育下一代的责任，未成年工生长发育中的特殊性，依法采取各种措施对其开展特殊保护。

延伸阅读

杨某于2020年9月入职C公司，从事纺机挡车工工作，C公司未为杨某办理工伤保险。2021年3月1日，杨某签订一份承诺书，承诺自愿放弃参加公司统一组织的社会保险，因本人原因不参加社会保险而导致公司有关法律责任及经济损失，将全部由本人负责。2021年6月26日，杨某在上夜班时，被纺车绞伤。杨某被认定为工伤，经鉴定为劳动功能障碍程度八级。2022年8月11日，杨某申请劳动仲裁，仲裁委员会对杨某关于工伤待遇等请求予以支持。C公司不服，诉至法院。

[裁判结果]

法院经审理认为，杨某签署的承诺书系C公司提供，有关自愿放弃参加社会保险的内容系格式条款。同时，该承诺书免除了用人单位法定责任、排除了劳动者权利，应属无效。C公司基于承诺书，主张无须向杨某承担工伤保险责任，无法律依据。因C公司未为杨某办理工伤保险，杨某在工作期间发生工伤产生的工伤待遇应由C公司予以赔偿。法院判决C公司向杨某支付工伤保险待遇20余万元。

[典型意义]

社会保险具有社会统筹性质，用人单位和劳动者必须依法参加社会保险，缴纳社会保险费。缴纳社会保险费不仅是用人单位的法定义务，也是劳动者的法定义务，关乎职工、用人单位和社会利益，不得通过用人单位和劳动者的约定进行变更或放弃。依据《工伤保险条例》第六十二条的规定，用人单位未依法参加工伤保险的，职工在被认定工伤后可以依法请求用人单位承担相应的工伤保险待遇。企业应当积极履行缴纳社会保险费的法定义务，依法保护职工的合法权益。

（来源：澎湃新闻客户端）

二、劳动安全的本质

第一，保护劳动者的生命安全和职业健康是安全生产最根本、最深刻的内涵，是安全生产本质的核心。劳动安全的本质充分揭示了安全生产以人为本的导向性和目的性，它是我们党和政府以人为本的执政本质、以人为本的科学发展观的本质、以人为本构建和谐社会的本质在安全生产领域的鲜明体现。正如胡锦涛在中共中央政治局第三十次集体学习时所强调的，"人的生命是最宝贵的。我国是社会主义国家，我们的发展不能以牺牲精神文明为代价，不能以牺牲生态环境为代价，更不能以牺牲人的生命为代价"。

第二，突出强调了最大限度的保护。所谓最大限度的保护，是指在现实经济社会所能提供的客观条件的基础上，尽最大的努力，采取加强安全生产的一切措施，保护劳动者的生命安全和职业健康。根据目前我国安全生产的现状，需要从三个层面上对劳动者的生命安全和职业健康实施最大限度的保护：一是在安全生产监管主体，即政府层面，把加强安全生产、实现安全发展、保护劳动者的生命安全和职业健康，纳入经济社会管理的重要内容，纳入社会主义现代化建设的总体战略，最大限度地给予法律保障、体制保障和政策支持。二是在安全生产责任主体，即企业层面，把安全生产、保护劳动者的生命安全和职业健康作为企业生存和发展的根本，最大限度地做到责任到位、培训到位、管理到位、技术到位、投入到位。三是在劳动者自身层面，把安全生产和保护自身的生命安全和职业健康，作为自我发展、价值实现的根本基础，最大限度地实现自主保护。

第三，突出了在生产过程中的保护。生产过程是劳动者进行劳动生产的主要时空，因而也是保护其生命安全和职业健康的主要时空。安全生产的以人为本，具体体现在生产过程中的以人为本。同时，它还从深层次揭示了安全与生产的关系。在劳动者的生命和职业健康面前，生产过程应该是安全地进行生产的过程，安全是生产的前提，安全又贯穿于生产过程的始终。如果二者发生矛盾，当然是生产服从于安全，当然是安全第一。这种服从，是一种铁律，是对劳动者生命和健康的尊重，是对生产力最主要最活跃因素的尊重。如果不服从、不尊重，生产也将被迫中断，这就是人们不愿见到的事故发生的强迫性力量。

第四，突出了一定历史条件下的保护。一定的历史条件，主要是指特定历史时期的社会生产力发展水平和社会文明程度。强调一定历史条件的现实意义在于以下几点。一是有助于加强安全生产工作的现实紧迫性。我国是一个正在工业化的发展中大国，经济持续快速发展与安全生产基础薄弱形成了比较突出的矛盾，处在事故的"易发期"，如果做不好就会发生事故甚至重特大事故，对劳动者的生命安全和职业健康威胁很大。做好这一历史阶段的安全生产工作，任务艰巨，时不我待，责任重大。二是有助于明确安全生产的重点行业取向。由于社会生产力发展不平衡、科学技术应用的不平衡、行业自身特点的特殊性，在一定的历史发展阶段必然形成重点的安全生产产业、行业、企业，如煤矿、交通、建筑施工等行业、企业。这是现阶段的高危行业，工作在这些行业的劳动者，其生命安全和职业健康更应受到重点保护，更应加大这些行业安全生产工作的力度，遏制重特大事故的发生。三是有助于处理好一定历史条件下的保护与最大限度的保护之间的关系。最大限度的保护应该是一定历史条件下的最大限度，受一定历史发展阶段的文化、体制、法制、政策、科技、经济实力、劳动者素质等条件的制约，搞好安全生产离不开这些条件。因此，立足现实条件，充分利用和发挥现实条件，加强安全生产工作，是我们的当务之急。同时，最大限度的保护是引力、是需求、是目的，它能够催生、推动现实条件向更高层次、更为先进的历史条件形态转化，从而为不断满足最大限度保护劳动者的生命安全和职业健康这一根本需求提供新的条件、新的手段、新的动力。

 延伸阅读

违反安全作业的惨痛教训

某彩印厂夜间进行厂房通道的混凝土施工，需用滚筒进行碾压抹平，但施工区域内有一活动操作台（用钢管扣件组装）影响碾压作业。于是，3名作业人员计划去推开操作台，但操作台被电线挂住而推不动，3人便使用钢管撬动操作台，从而使电线破损，造成漏电，导致操作台带电，3人当场触电身亡。

三、有关劳动的法律法规

在社会生产、实践活动中，劳动法律法规制度在维护劳动者合法权益、保护劳动

新时代劳动教育与实践

者安全、为劳动者创造劳动机会等方面发挥了重大作用。劳动法律法规是调整劳动关系，以及与劳动关系有密切联系的其他社会关系的法律规范的总称。

（一）大学生实习管理

2022年1月，教育部、工业和信息化部、财政部、人力资源和社会保障部、应急管理部、国资委、市场监管总局和中国银保监会（现国家金融监督管理总局）联合印发了新修订的《职业学校学生实习管理规定》（以下简称《规定》）。

《规定》着眼实习全过程，针对关键节点，通过1个"严禁"、27个"不得"为实习管理划出了底线和红线，进一步明确了学生实习的行为准则。

一是针对实习内容不对口的问题，规定不得安排与专业无关的简单重复劳动、高强度劳动，明确实习内容"应基本覆盖专业所对应岗位（群）的典型工作任务，原则上不得跨专业大类安排实习""不得仅安排学生从事简单重复劳动""不得安排学生从事Ⅲ级强度及以上体力劳动或其他有害身心健康的实习""严禁以营利为目的违规组织实习"。

二是针对强制实习的问题，进一步保障学生和家长的知情权，明确了所有学生参加统一组织的岗位实习均应当取得学生、学生监护人或家长签字的知情同意书，对学生及其法定监护人或家长明确不同意学校实习安排的，可自行选择符合条件的岗位实习单位。不得强制职业学校安排学生到指定单位实习，不得扣押学生的学生证、居民身份证或其他证件。

三是针对中介机构参与学生实习的问题，中介机构介入实习赚取"人头费"，是产生强制实习、付费实习的重要源头，社会反映较为强烈。《规定》明确实习三方协议必须由职业学校、实习单位、学生三方签署，重申不得通过中介机构或有偿代理组织、安排和管理学生实习工作。违反本《规定》从事学生实习中介活动或有偿代理的，法律法规规定了法律责任的，由相关部门依法依规追究责任；构成犯罪的，依法追究刑事责任。

四是针对学生实习加班和考勤的问题，在原规定原则上不得"安排学生加班和夜班"基础上，进一步增加了实习单位应遵守国家关于工作时间和休息休假的规定，保障学生在岗位实习期间按规定享有休息休假、获得劳动卫生安全保护、接受技术技能指导等权利的要求，明确"不得简单套用实习单位考勤制度，不得对学生简单套用员工标准进行考核"。

五是针对学生实习报酬和费用的问题，规定实习单位应给予学生适当的实习报酬，原则上不低于本单位相同岗位工资标准的80%或最低档工资标准，支付周期不得超过1个月，不得以物品或代金券等代替货币支付或经过第三方转发，不得向学生收取实习押金、培训费、实习报酬提成、管理费、实习材料费、就业服务费或者其他形式的实习费用，不得要求学生提供担保或者以其他名义收取学生财物。

（二）劳动安全与保障

1.《中华人民共和国宪法》中关于劳动权的规定

《中华人民共和国宪法》（以下简称《宪法》）第四十二条明确规定：中华人民共

和国公民有劳动的权利和义务。国家通过各种途径,创造劳动就业条件,加强劳动保护,改善劳动条件,并在发展生产的基础上,提高劳动报酬和福利待遇。劳动是一切有劳动能力的公民的光荣职责。国有企业和城乡集体经济组织的劳动者都应当以国家主人翁的态度对待自己的劳动。国家提倡社会主义劳动竞赛,奖励劳动模范和先进工作者。国家提倡公民从事义务劳动。国家对就业前的公民进行必要的劳动就业训练。

2.《中华人民共和国劳动法》

《中华人民共和国劳动法》(以下简称《劳动法》)是为了保护劳动者的合法权益,调整劳动关系,建立和维护适应社会主义市场经济的劳动制度,促进经济发展和社会进步,根据《宪法》而制定的(1994年7月5日第八届全国人民代表大会常务委员会第八次会议通过;根据2009年8月27日第十一届全国人民代表大会常务委员会第十次会议《关于修改部分法律的决定》第一次修正;根据2018年12月29日第十三届全国人民代表大会常务委员会第七次会议《关于修改〈中华人民共和国劳动法〉等七部法律的决定》第二次修正)。其内容主要包括:总则、促进就业、劳动合同和集体合同、工作时间和休息休假、工资、劳动安全卫生、女职工和未成年工特殊保护、职业培训、社会保险和福利、劳动争议、监督检查、法律责任、附则。

【思考】
你还知道哪些保护劳动者权益的法律法规?

四、劳动者享有的权益

(一)劳动者享有的基本权利

《劳动法》明确规定劳动者享有平等就业和选择职业的权利、取得劳动报酬的权利、休息休假的权利、获得劳动安全卫生保护的权利、接受职业技能培训的权利、享受社会保险和福利的权利、提请劳动争议处理的权利以及法律规定的其他劳动权利。

1. 平等就业的权利

《劳动法》规定,凡具有劳动能力的公民,都有获得职业的权利,即劳动者都具有劳动就业权。劳动是人们生活的第一个基本条件,是创造物质财富和精神财富的源泉。劳动就业权是有劳动能力的公民获得参加社会劳动和切实保证按劳取酬的权利。公民的劳动就业权是公民享有其他各项权利的基础。如果公民的劳动就业权不能实现,其他一切权利也就失去了基础。

2. 选择职业的权利

《劳动法》规定,劳动者有权根据自己的意愿、自身的素质、能力、志趣和爱好,以及市场信息等选择适合自己才能、爱好的职业,即劳动者拥有自由选择职业的权利。选择职业的权利有利于劳动者充分发挥自己的特长,促进社会生产力的发展。这既是劳动者劳动权利的体现,也是社会进步的一个标志。

3. 取得劳动报酬的权利

《劳动法》规定，劳动者有权依照劳动合同及国家有关法律取得劳动报酬。获取劳动报酬的权利是劳动者持续行使劳动权必不可少的物质保证。

4. 获得劳动安全卫生保护的权利

《劳动法》规定，劳动者有获得劳动安全卫生保护的权利。这是对劳动者在劳动中的生命安全和身体健康，以及享受劳动权利的最直接的保护。

5. 休息休假的权利

《劳动法》规定，劳动者有休息的权利。为此，国家规定了职工的工作时间和休假制度，并发展劳动者休息和休养的设施。

6. 享受社会保险和福利的权利

为了给劳动者患疾病时和年老时提供保障，《劳动法》规定，劳动者享有社会保险和福利的权利，即劳动者享有包括养老保险、医疗保险、工伤保险、失业保险、生育保险等在内的劳动保险和福利。社会保险和福利是劳动力再生产的一种客观需要。

7. 接受职业技能培训的权利

《劳动法》规定，劳动者享有接受职业技能培训的权力。接受职业技能培训的权利是劳动者实现劳动权的基础条件，因为劳动者要实现自己的劳动权，必须拥有一定的职业技能，而要获得这些职业技能，就必须获得专门的职业培训。

8. 提请劳动争议处理的权利

《劳动法》规定，当劳动者与用人单位发生劳动争议时，劳动者享有提请劳动争议处理的权利，即劳动者享有依法向劳动争议调解委员会、劳动仲裁委员会和法院申请调解、仲裁、提起诉讼的权利。其中，劳动争议调解委员会由职工代表、用人单位代表和工会代表组成，劳动仲裁委员会由劳动行政部门代表、同级工会代表、用人单位方面的代表组成。

9. 法律规定的其他权利

法律规定的其他权利包括：依法参加和组织工会的权利，依法参与民主管理的权利，依法参加社会义务劳动的权利，依法从事科学研究、技术革新、发明创造的权利，依法解除劳动合同的权利，依法对用人单位管理人员违章指挥、强令冒险作业有拒绝执行的权利，依法对危害生命安全和身体健康的行为提出批评、举报和控告的权利，依法对违反劳动法的行为进行监督的权利等。

（二）女职工合法权益保障

《劳动法》《中华人民共和国妇女权益保障法》《中华人民共和国劳动合同法》（以下简称《劳动合同法》）中对女职工的权益都有特殊规定，我国还出台了专门的《女职工劳动保护特别规定》。2019年2月，人力资源和社会保障部、教育部等九部门联合发布了《关于进一步规范招聘行为促进妇女就业的通知》，其中第二条明确规定：依法禁止招聘环节中的就业性别歧视。各类用人单位、人力资源服务机构在拟定招聘计划、发布招聘信息、招用人员过程中，不得限定性别（国家规定的女职工禁忌劳动范围等情况除外）或性别优先，不得以性别为由限制妇女求职就业、拒绝录用妇女，不得询问妇女婚育情况，不得将妊娠测试作为入职体检项目，不得将限制生育作为录用条件，不得差别化地提高对妇女的录用标准。国有企事业单位、公共就业人才服务机构及各部门所属人力资源服务机构要带头遵法守法，坚决禁止就业性别歧视行为。

在现实生活中，既存在女职工在就业和从业时遭遇不平等对待，也有女职工未能正当行使自身权益的现象。当女职工在合法权益受损时应注意留存证据，通过正当途径合法维权。

根据妇女的生理特点，对妇女劳动者在劳动过程和劳动市场中实施特殊保护，是保证人类健康繁衍生存和劳动力再生产质量的大事。

1. 就业权利的保障

我国劳动法律规定，妇女享有同男子平等的就业权利。法律的主要规定有以下三个方面。

（1）凡适合妇女从事劳动的工作，不得以性别为由拒绝录用妇女或者提高妇女的录用标准。

（2）用人单位不得因女职工怀孕、生育、哺乳降低其工资、予以辞退、与其解除劳动或者聘用合同。

（3）禁止性骚扰。在劳动场所，用人单位应当预防和制止对女职工的骚扰。

2. 女职工禁忌从事的劳动

禁止女职工从事不利于身体健康的工作。《劳动法》第五十九条规定："禁止安排女职工从事矿山井下、国家规定的第四级体力劳动强度的劳动和其他禁忌从事的劳动。"《女职工劳动保护特别规定》明确了女职工禁忌从事的劳动范围：矿山井下作业；体力劳动强度分级标准中规定的第四级体力劳动强度的作业；每小时负重 6 次以上、每次负重超过 20 千克的作业，或者间断负重、每次负重超过 25 千克的作业。

3. "四期"保护

针对女职工生理机能的变化，我国劳动法律对女职工经期、孕期、产期和哺乳期规定了特殊保护。

（1）经期保护。不得安排女职工在经期从事高处、低温、冷水及体力作业。女职工在经期禁忌从事的劳动范围：冷水作业分级标准中规定的第二级、第三级、第四冷水作业；低温作业分级标准中规定的第二级、第三级、第四级低温作业；体力劳动强度分级标准中规定的第三级、第四级体力劳动强度的作业；高处作业分级标准中规定的第三级、第四级高处作业。

（2）孕期保护。女职工在孕期不能适应原劳动的，用人单位应当根据医疗机构的证明，予以减轻劳动量或者安排其他能够适应的劳动。对怀孕 7 个月以上的女职工，用人单位不得延长劳动时间或者安排夜班劳动，并应当在劳动时间内安排一定的休息时间。怀孕女职工在劳动时间内进行产前检查，所需时间计入劳动时间。不得安排女职工在怀孕期间从事国家规定的第三级体力劳动强度的劳动和孕期禁忌从事的劳动。

（3）产期保护。女职工生育享受 98 天产假，其中产前可以休假 15 天；难产的，增加产假 15 天；生育多胞胎的，每多生育 1 个婴儿，增加产假 15 天。女职工怀孕未满 4 个月流产的，享受 15 天产假；怀孕满 4 个月流产的，享受 42 天产假。女职工产假期间的生育津贴，对已经参加生育保险的，按照用人单位上年度职工月平均工资的标准由生育保险基金支付；对未参加生育保险的，按照女职工产假前工资的标准由用人单位支付。女职工生育或者流产的医疗费用，按照生育保险规定的项目和标准，对已经参加生育保险的，由生育保险基金支付；对未参加生育保险的，由用人单位支付。

（4）哺乳期保护。对哺乳未满 1 周岁婴儿的女职工，用人单位不得延长劳动时间或者安排夜班劳动。用人单位应当在每天的劳动时间内为哺乳期女职工安排 1 小时哺乳时间；女职工生育多胞胎的，每多哺乳 1 个婴儿每天增加 1 小时哺乳时间。

另外，设立保护设施和保健措施。女职工比较多的用人单位应当根据女职工的需要，建立女职工卫生室、孕妇休息室、哺乳室等设施，妥善解决女职工在生理卫生、哺乳方面的困难。

延伸阅读

休了产假，就不能再休年假？

2017 年 1 月，金女士入职上海一家贸易公司，与公司签订了 3 年期限的劳动合同。2019 年 1 月，金女士生了孩子，休了产假、哺乳假，但当年的带薪年休假没有休。"你已经享受了产假及哺乳假，不符合享受带薪年休假的条件了。"公司给出了这样的理由，不同意支付金女士 2019 年未休年假的工资，双方因此发生劳动争议。

【解析】休产假不影响休年假

《企业职工带薪年休假实施办法》规定："职工依法享受的探亲假、婚丧假、产假等国家规定的假期以及因工伤停工留薪期间不计入年休假假期。""用人单位经职工同意不安排年休假或者安排职工休假天数少于应休年休假天数的，应当在本年度内对职工应休未休年休假天数，按照其日工资收入的 300% 支付未休年休假工资报酬，其中包含用人单位支付职工正常工作期间的工资收入。"

这意味着，金女士休产假和休年休假并不冲突，是并行的权利。如果没有安排职工休年假，企业就应该按法定标准支付应休未休年休假期间的补偿。

（三）未成年工保护

未成年工是指年满 16 周岁未满 18 周岁的劳动者。对未成年工国际劳工公约最早是根据不同行业的就业年龄分别制定不同标准，涉及的公约有近 20 个。1984 年，中国政府批准了国际劳工组织《确定准许使用儿童于工业工作的最低年龄公约》。我国劳动法律对未成年工的特殊保护作了专门规定，主要内容包括以下四个方面。

1. 最低就业年龄的规定

禁止用人单位招用未满 16 周岁的未成年人，文艺、体育和特种工艺单位需招收未满16周岁的未成年人的，必须严格依据法律规定办理。禁止任何单位使用童工或为未满16周岁的少年、儿童介绍职业。

2. 禁止未成年工从事有害健康的工作

不得安排未成年工从事矿山井下、有毒有害、国家规定的第四级体力劳动强度的劳动和其他禁忌从事的劳动。

3. 定期体检

用人单位应当对未成年工定期进行健康检查。

4. 实行登记制度

用人单位招收使用未成年工，除符合一般用工要求外，还须向所在地的县级以上劳动行政部门办理登记。

（四）残疾人保护

《就业服务与就业管理规定》第十八条规定："用人单位招用人员，不得歧视残疾人。"残疾人并非完全没有劳动能力，虽然其劳动能力受到一定限制，但可以从事其身体状况允许的劳动。

《中华人民共和国残疾人保障法》（以下简称《残疾人保障法》）《残疾人就业条例》《无障碍环境建设条例》等相关法律、行政法规，号召全社会摒弃偏见和歧视，学会尊重理解残疾人，关心关爱残疾人，让残疾人更加真切感受到来自社会的温暖。

新修订的《残疾人保障法》将实行按比例安排残疾人就业上升为国家制度，按照《残疾人就业条例》的规定，"规定的比例"具体是指用人单位安排残疾人就业的最低比例不得低于本单位在职职工总数的1.5%，具体比例由省自治区、直辖市人民政府根据本地区的实际情况规定（不得低于1.5%）。按照《残疾人就业条例》的规定，如果用人单位安排残疾人就业比例达不到其所在地省、自治区、直辖市人民政府规定比例的，应当缴纳残疾人就业保障金。此外，国家对安排残疾人就业达到、超过规定比例或者集中安排残疾人就业的用人单位和从事个体经营的残疾人，依法给予税收优惠，并在生产、经营、技术、资金、物资、场地等方面给予扶持。

五、基本的劳动安全常识

保证劳动安全是劳动者的权利，政府和企业有义务依法提供符合安全卫生标准的劳动条件。为了养成自我劳动安全意识，大学生要学会识别和掌握必要的劳动安全与卫生常识，主要包括安全色与安全标志、个人防护用品相关知识与使用方法。

（一）安全色与安全标志的识别

安全色与安全标志是在特定工作环境中，为了提醒劳动者做好防护而设置的。每一种安全色、每一个安全标志都具有特定的含义，需要正确识别。

1. 安全色

按照我国安全色标准规定，安全色有红色、蓝色、黄色、绿色四种。

红色表示禁止、停止，用于禁止标志。例如，机器设备上的紧急停止手柄或按键及禁止触动的部位都使用红色。红色有时也用于防火。

蓝色表示指令，必须遵守。

黄色表示警告和注意。如厂内危险机器和警戒线、行车道中线、安全帽等。

绿色表示安全状态或可以通行。例如，车间内的安全通道标志、行人和车辆通行标志、消防设备和其他安全防护设备的位置表示都用绿色。

2. 安全标志

安全标志分为禁止标志（见图1-16）、指令标志（见图1-17）、警告标志（见图1-18）和提示标志（见图1-19）四类。安全标志牌要求应放在醒目的地方。

（1）禁止标志指禁止人们不安全行为的图形标志。其基本形式为带斜杠的圆形框，圆环和斜杠为红色且相连，图形符号为黑色，衬底为白色。

（2）指令标志指强制人们必须做出某种动作或采用防范措施的图形标志。其基本形式是圆形边框，图形符号为白色，衬底为蓝色。

（3）警告标志指提醒人们对周遭环境引起注意，以避免可能发生危险的图形标志。其基本形式为正三角形边框，三角形边框及图形符号为黑色，衬底为黄色。

（4）提示标志指向人们提供某种信息（如标明安全设施或场所等）的图形标志。其基本形式是正方形边框，图形符号为白色，衬底为绿色。

禁止扒乘矿车

禁止乘输送带

禁止车间乘人

禁止乘人登钩

禁止合闸

禁止转动

禁止触摸

禁止跨越

图1-16 禁止标志

模块一　树立正确的劳动观念

必须戴防护眼镜	必须戴防毒面具	必须戴防尘口罩	必须戴护耳器

必须戴安全帽	必须戴防护帽	必须戴防护手套	必须穿防护鞋

图 1-17　指令标志

当心爆炸	当心腐蚀	当心中毒	当心感染

当心电缆	当心机械伤人	当心伤手	当心扎脚

图 1-18　警告标志

图 1-19　提示标志

（二）个人防护用品相关知识与使用方法

个人防护用品知识对于预防事故伤害和减少职业危害具有重要意义。为了增强劳动安全意识，我们不仅要了解劳动岗位需要什么样的劳动保护用品，还要了解个人防护用品的正确佩戴和使用方法。我国实行以人体防护部位为依据的分类标准，将个人防护用品分成头部护具类、呼吸护具类、眼部防护类、听力护具、防护鞋、防护手套、防护服、防坠落护具、护肤用品 9 类。

任务 2　劳动体验——安全劳动

作为一个即将迈出大学校园、走上工作岗位的未来劳动者，应当了解我国法律赋予自己的合法权利，从而在今后的职业生涯中履行劳动义务的同时自觉地珍惜、争取和维护自身的权利。

一、任务目的

根据专业特点，开展专业劳动保护用品的正确穿戴，以及生产过程中相关安全标志的正确识别的培训，针对行业劳动安全常见问题展开讨论，使学生理解劳动安全和劳动保护的重要性，生产生活中能够做到有效的防护，遵守劳动纪律、职业道德、执行劳动安全卫生规程。

模块一　树立正确的劳动观念

二、任务要求

（1）在实习实训、工作中严格按照专业劳动防护要求，正确使用并佩戴劳动保护用品，正确识别各类标识，积极参加劳动保护教育培训。

（2）深入了解劳动过程中享有的权利。

①接受劳动保护教育培训的权利，以了解企业安全生产情况，掌握安全生产技术，熟练运用劳动保护用品。

②获得社会保险的权利，当劳动者遇到生、老、病、死、残、失业等情况时，依据国家规定要给予一定的物质或经济帮助，以保证其基本生活需要（现行社会保险主要有养老保险、医疗保险、失业保险、工伤保险和生育保险五种）。

③了解作业场所和工作岗位存在的危险因素，了解企业为此采取的防护措施及事故应急处理措施，决定是否从事存在不安全因素的工作的权利；拒绝违章指挥和强令冒险作业的权利；发生直接危及人身安全的紧急情况时，停止作业或者采取可能的应急措施后撤离作业场所的权利；要求用人单位提供必要的防护设施和防护用品的权利。

④树立安全生产意识，遵守安全生产规章制度和操作规程，服从单位安全人员的管理。

⑤劳动者应当正确佩戴劳动保护用品；接受安全生产教育培训，掌握本职工作所需的安全生产知识，提高安全生产技能，增强事故预防和应急处理能力；发现事故隐患或其他不安全因素时，劳动者应当立即向现场安全生产管理人员或单位负责人报告，接到报告的人员应及时予以处理。

只有主动采取有效防护措施，自觉执行安全规定，开展安全生产，积极参与企业的安全管理工作，才能更好地保证自己在生产劳动过程中的身心安全。

三、任务内容

（1）自行查阅相关法律法规，学生是劳动者的特殊形式，深入了解大学生在实习、勤工俭学、自发性受雇劳动时，涉及《劳动法》《劳动合同法》《集体合同法》《工伤保险法》等适用问题。

（2）结合专业，小组讨论所属行业的劳动保护用品的类型和使用方法，以及工作以后所拥有的合法权利和义务，总结讨论结果并进行分享。

四、任务实施

	劳动体验——安全劳动		
任务目标	认识安全劳动的重要意义，培养学生安全意识，在实习、实训、工作中对于劳保用品的穿戴、用电、用火、器械等做到不懈怠、不大意	发现问题	解决问题

续表

	劳动体验——安全劳动		
任务实施	（1）记录：制作专业技术岗位中劳动保护用品的正确穿戴科普短视频；根据专业不同，分享如何进行安全劳动。 （2）分享：线上平台分析作品、感想和拍摄过程		
过程记录			
任务总结			

五、任务评价

专业	
组名	
成员	

模块一　树立正确的劳动观念

续表

活动体会	
小组自评 （50分）	评语： 分数：
教师评价 （50分）	评语： 分数：

模块二

培养积极的职业精神

> 在重视劳动和尊重劳动者的基础上，我们有可能来创造自己的新的道德。劳动和科学是世界上最伟大的两种力量。
>
> ——高尔基

职业精神是从业者的职业理想和追求，反映了从业者的职业态度、职业操守和职业境界。职业精神包括劳动精神、工匠精神和劳模精神三部分，劳动精神是劳动者为创造美好生活，在劳动过程中体现出来的热爱劳动、辛勤劳动、诚实劳动、科学劳动和创造性劳动的精神，劳动精神是作为一名合格劳动者应该有的精神追求，是实现人生梦想、改变自己命运的基本精神；工匠精神是从业者在工作中体现出来的专业专注、精益求精、持续创新和追求卓越的精神，工匠精神是成就优秀劳动者的必要条件；劳模精神是先进劳动者在平凡岗位上体现出来的爱岗敬业、争创一流、艰苦奋斗、勇于创新、淡泊名利和甘于奉献的具有示范意义的精神，劳模精神是所有劳动者都应该学习和追求的一种境界。

劳动精神是社会主义核心价值观的应有之义，与劳模精神、工匠精神相互包容。践行社会主义核心价值观，要求实践爱国、敬业、诚信、友善的个人行为准则。敬业就是对劳动的尊重、崇尚和热爱，要做到辛勤劳动、诚实劳动、创造性劳动，这与劳动精神高度一致。劳模精神彰显了劳动的价值、展现了劳动者的境界，是劳动精神的集中体现。工匠精神体现了劳动者钻研技能、精益求精、敬业担当的职业精神，是对劳动精神的进一步提升。劳动精神是劳模精神、工匠精神的基础，与劳模精神、工匠精神一脉相承又各有侧重，劳动精神面向最广大劳动者，劳模精神面向劳模群体，工匠精神更多的是面向有一技之长的产业工人。

模块二　培养积极的职业精神

主题一　培养积极的劳动精神

> 案例导入

南泥湾精神

抗日战争进入相持阶段后，由于日军的疯狂进攻和大规模"扫荡"、国民党顽固派的军事包围和经济封锁，陕甘宁边区及各抗日根据地财政经济发生极大困难，一度陷入没粮、没油、没纸、没衣、没经费的境地。

危难之际，党中央号召边区军民自力更生，克服困难。

1941年春，迎着依然寒冷的北风，在"一把锄头一支枪，生产自给保卫党中央"的口号声中，王震率三五九旅的战士们肩挎钢枪，手握镢头，硬是在一片林海荆棘中开出了一条通向南泥湾的路，由绥德进驻南泥湾。

一到南泥湾，三五九旅就迅速掀起开荒生产热潮。他们制订了边生产、边训练的计划，农忙时生产，农闲时练兵。王震提出"不让一个人站在生产战线之外"的口号，上自旅长、下至勤务员、炊事员，一律参加生产劳动。

经过一年多的艰苦奋斗，昔日荒草丛生、沼泽遍地的"烂泥湾"变成了到处是庄稼、遍地是牛羊的陕北"好江南"（见图2-1）。粮食大丰收，瓜菜堆如山，加上一排排整齐的窑洞，南泥湾呈现出一派繁荣景象。

据统计，截至1944年年底，南泥湾种植面积达26万多亩①，收获粮食37 000石②，并于当年向陕甘宁边区政府缴纳公粮10 000石。

80多年后的今天，拥有1万多人口的南泥湾镇（见图2-2），种植和养殖业蓬勃发展，红色旅游也吸引着越来越多的游客，南泥湾镇正在成为历史文化旅游名镇。

图2-1　南泥湾稻田

图2-2　南泥湾党徽雕塑

（来源：人民网）

---

① 1亩≈666.67平方米。
② 1石=100斤=50千克。

新时代劳动教育与实践

【思考】

南泥湾精神包含哪些内容？你知道南泥湾精神中哪些故事呢？

在革命、建设和改革中，广大劳动者展示了奋勇拼搏、艰苦创业的风采，成为激励一代又一代劳动者的强大精神力量。随着社会的发展和科技进步，资本、知识、技术的力量凸显，人们对劳动的理解发生了很大变化，有人忽视劳动的价值，低估劳动者的作用，急功近利、心态浮躁、期望走捷径、一夜暴富。然而，事实证明，无论劳动的具体形态、劳动与其他生产要素之间的关系怎样变化，劳动都是唯一的价值源泉，这一点始终都不会改变。劳动精神的提出和弘扬，对进一步激发广大劳动者的劳动热情、释放他们的创造潜能、实现中华民族伟大复兴的中国梦，将产生重要的推动作用。

新时代必须弘扬劳动精神，让全体社会成员懂得崇尚劳动、尊重劳动，懂得劳动最光荣、劳动最崇高、劳动最伟大、劳动最美丽的道理，广大劳动者能辛勤劳动、诚实劳动、创造性劳动。习近平总书记指出，"幸福都是奋斗出来的"，要"撸起袖子加油干"。实现中华民族的伟大复兴，必须靠人们的辛勤劳动。一切有利于社会建设的诚实自觉的劳动，都是高尚的、光荣的。国家、社会、企业各界需要提供更有利的劳动保障，更好的劳动条件，严格执行《中华人民共和国劳动合同法》等各项法律法规，让每一个劳动者都能体面劳动，使劳动者的尊严得到维护、劳动价值得以实现，更好地营造充满平等劳动、勤奋做事、勤勉为人、勤劳致富的正能量的社会氛围，鼓励人们不断创造出新的内生动力。只要我们守护中华劳动伦理的深厚底蕴，弘扬劳动精神和坚韧不拔、自强不息的劳动美德，一代代的劳动者就必定能创造伟大的历史，不断开创美好未来生活。

学习目标

知识目标：掌握劳动精神的内涵和核心，理解新时代职业精神的价值意蕴；积极学习培养劳动精神。

技能目标：能够在生活中发现劳动美、通过劳动创造美好生活。

素养目标：培养主动劳动意识，懂得尊重劳动者、珍惜劳动成果。

任务1　专题讲座——劳动精神的内容与价值

学习劳动精神的内涵和价值，寻找你身边在岗位上默默奉献、无私坚守的劳动者，小组分工完成，对劳动者进行采访、记录，总结普通劳动者的优良品质，写出活动总结，认识并发现劳动美。

模块二 培养积极的职业精神

一、劳动精神

（一）劳动精神的内涵

劳动精神是关于劳动的理念认知和行为实践的集中体现，在理念认知上表现为全社会尊重劳动、崇尚劳动和热爱劳动；在行为实践上表现为劳动者辛勤劳动、诚实劳动和创造性劳动。劳动精神主要指人们对劳动的热爱态度，以及劳动者在劳动过程中体现出来的积极人格气质，是劳动者为创造美好生活，作为一名合格劳动者应该有的精神追求，是实现人生梦想、改变自己命运的基本精神。

习近平总书记强调："正是因为劳动创造，我们拥有了历史的辉煌；也正是因为劳动创造，我们拥有了今天的成就。"

历史长河中，中华民族勤于劳动、勇于奋斗，创造出灿烂的文明，历经沧桑而生生不息。回望百年，在中国共产党的坚强领导下，广大劳动者辛勤劳作、艰苦奋斗，谱写出"换了人间"的壮丽史诗。

（二）劳动精神的深刻解读

马列主义论著阐述了劳动创造世界的背景是在资本主义社会，在当时的社会视劳动力为第一生产要素，可以在市场买卖，是可以产生剩余价值的商品。中国最早论述劳动创造世界的思想要更久远，我们从中国的神话中就可以看出端倪。中国最早的神话《盘古开天》，描绘的就是一幅劳动的场景，既有人物，又有劳动工具，是对世界是由劳动创造的最早的表述。古载天地混沌如鸡子，盘古生其中，天地混沌，盘古以斧辟之，自此开天辟地，其轻而清的东西缓缓上升，变成了天，其重而浊的东西慢慢下降，变成了地，自此混沌分开。盘古恐其再会合一起，就头顶天，脚蹬地，天日高一丈，盘古日长一丈，一万八千日，天极高地极厚，而盘古极长。盘古死后，目为日月，身为大地五岳，四肢变成大地上的东、西、南、北四极，他的肌肤变成辽阔的大地，血脉为江河，他的汗珠变成了滋润万物的雨露。盘古呼出的气息变成四季的风和飘动的云，他发出的声音化作隆隆的雷声。盘古开天辟地的神话故事是中国劳动创造世界思想的最早解读，是古人对人类始祖的神化，弘扬了劳动者造福人类社会的无私奉献的伟大精神。劳动者在劳动中不断进化，他们用群体的智慧不仅创造了丰富的历史，也传递了劳动者伟大的劳动精神。

中国人民关于劳动精神的古语与故事比比皆是，如"临渊羡鱼，不如退而结网""锄禾日当午，汗滴禾下土。谁知盘中餐，粒粒皆辛苦""一勤天下无难事"等。生命不止，奋斗不息。从"铁人精神"到"红旗渠精神"再到"载人航天精神"；从"站起来"到"富起来"再到"强起来"，中华人民共和国的成长史，就是一部光辉奋斗史。毫无疑问，在实现中国梦的征途中，唯有奋斗才能铸就辉煌，成就梦想。因此，劳动是人类活动的全部，劳动精神是创造了全人类文化和精神的源泉，劳动能力是人类安身立命的根本。

进入新时代，习近平总书记指出，"劳动是财富的源泉，也是幸福的源泉"。习近

新时代劳动教育与实践

平总书记关于劳动精神的重要思想,是习近平总书记关于工人阶级和工会工作的重要论述的组成部分。他在多种场合上都呼吁,要在全社会贯彻尊重劳动、尊重知识、尊重人才和尊重创造的重大方针,引导人民群众向劳模学习,树立辛勤劳动、诚实劳动和创造性劳动的理念,让劳动光荣、创造伟大成为铿锵的时代强音,让劳动最光荣、劳动最崇高、劳动最伟大、劳动最美丽的观念蔚然成风,让全体人民进一步焕发劳动热情,释放创造潜能,通过劳动创造更加美好的生活。

千千万万的劳动者借由辛勤的劳动,组织了千千万万个企业的生产和经营活动,为社会提供了丰富多彩的商品和服务,推动着国民经济的不断发展。随着技术的进步、分工的发展,以及社会观念的变迁,劳动和劳动者的专业性和复杂性越来越为人所重视。要达成自己的职业理想,必须从最简单的专业技能入手,通过勤学苦练,积累丰富的劳动知识,一步一个台阶,逐步提升自己的专业技能和劳动素养。只有经过锲而不舍的磨炼和坚守,秉持锲而不舍、勤学苦练的劳动精神,踏实肯干的劳动态度,才能将自己塑造成一名有专长的劳动者,成就自己丰富多彩的人生。

延伸阅读

弘扬劳动精神　争做新时代奋斗者

1948年,辽宁鞍山解放,历经战火摧残的鞍钢回到人民手中。有日本专家断言,这里"只能用来种高粱"。50岁的老工人孟泰带领工友们艰苦奋斗,刨冰雪,扒铁堆,小到一个螺丝钉,大到几十千克重的管件,短短几个月内便挖出和修复上万个零部件,建立起闻名全国的"孟泰仓库",有力保障了鞍钢高炉恢复生产;产业工人许振超带领班组练就"一钩准""一钩净""无声响操作"等基本功,多次刷新集装箱装卸世界纪录;航天科技"嫦娥"团队勇于探索,成功研制出我国第一颗月球探测卫星——嫦娥一号……一座座丰碑上,镌刻着不同时代劳动者只争朝夕、奋力拼搏、开拓创新的身影。

习近平总书记强调:"光荣属于劳动者,幸福属于劳动者。""必须牢固树立劳动最光荣、劳动最崇高、劳动最伟大、劳动最美丽的观念,崇尚劳动,造福劳动者,让全体人民进一步焕发劳动热情、释放创造潜能,通过劳动创造更加美好的生活。"

社会主义是干出来的,新时代是奋斗出来的。各行各业劳动者坚守岗位,勤于创造,勇于奋斗,合力奏响劳动光荣的动人乐章,用心用情诠释着崇尚劳动、热爱劳动、辛勤劳动、诚实劳动的劳动精神。

延伸阅读

奔赴生产一线

随着车轮的转动,一辆辆崭新的汽车缓缓驶下生产线……一汽大众汽车有限公司成都分公司全面启动"双班次"生产。公司生产管理部门负责人赵超越说:"当前是生产关键时期,公司加班加点,抓紧生产。政府部门帮我们化解难题,畅通供应链。"

位于内蒙古自治区伊金霍洛旗的神东煤炭上湾煤矿,综采一队队长段伟带领队员坚守在百米深的井下,"这段时间抓生产保供应任务很重,绝对不能出现一丝一毫的闪失"。"五一"假期,神东煤炭近3万名干部职工依然坚守工作岗位,严格落实作业计划。

"维护好精炼炉设备的运行,是我的本职工作。"午休时间,鞍钢股份炼钢总厂连检三作业区机械点检长刘铁还在认真看图纸。节日期间,许多像刘铁这样的干部职工坚守岗位,抢抓生产。

在中建三局重庆分公司沙田污水处理工程一期项目施工现场,360余名建筑工人、48名项目管理人员留岗不停工。"趁最近天气好,混凝土浇筑要加紧,钢筋制作和绑扎也要跟上。"项目经理龚洪带着团队仔细查看工程进展,"看着工程一点点推进,很有成就感"。

(来源:中国青年网)

【思考】

你身边有哪些人是通过勤学苦练、踏实肯干的劳动态度,最终成为一名具有专业特长的劳动者,并成就自己丰富的人生?

二、劳动精神的核心

劳动精神植根于五千多年的中华民族优秀传统文化,蕴含了革命文化和社会主义先进文化的红色基因,形成并弘扬于中国共产党百年奋斗的伟大实践,具有深厚的精神底蕴、文化根基和实践基础。从"用身体搅拌水泥,用生命开采石油"的王进喜,到"心里永远装着别人,无私奉献,不求回报"的雷锋,再到做着"禾下乘凉梦"充实天下粮仓的袁隆平……回顾往昔,这些劳动者的名字依旧熠熠生辉,那些写满奋斗的事迹依然催人奋进。他们共同铸就了"爱岗敬业、争创一流、艰苦奋斗、勇于创新、淡泊名利、甘于奉献"的精神丰碑。

马克思高度评价劳动在推动历史发展和社会进步中的伟大意义,指出劳动是人类的本质活动,是推动人类社会进步的根本力量。

劳动创造世界、劳动创造财富、劳动创造人类,马克思的劳动价值观第一次使劳动获得至高无上的地位。进入新时代,习近平总书记指出:"劳动是财富的源泉,也是幸福的源泉。"

(一)爱岗敬业

劳动精神在新时代具有更为深刻的意义。爱岗敬业、勤奋务实是劳动精神的本色,是劳动精神的基本要求。爱岗敬业体现的是对劳动的尊重、崇尚和热爱。勤奋务实是劳动精神的核心要义。勤奋是打开成功之门的钥匙,只有勤劳肯干、勤学苦练,才能不断实现自我突破,才能开辟人生和事业的前程。务实,就是要脚踏实地,拒绝空想,就是要真抓实干,不务虚功。只有爱岗敬业的人,才会在自己的工作岗位上勤勤恳恳,不断地钻研学习,一丝不苟,精益求精,才有可能为社会、为国家作出崇高而伟大的奉献。

爱岗敬业是平凡的奉献精神,因为它是每个人都可以做到的,而且应该具备的;爱岗敬业又是伟大的奉献精神,因为伟大出自平凡,没有平凡的爱岗敬业,就没有伟大的奉献。

延伸阅读

爱岗敬业

焦裕禄、孔繁森、郑培民等一大批党和人民的好干部都是在本职工作岗位上呕心沥血,勤政为民;当疫情袭来时,一大批默默无闻的医生、护士和科研人员,挺身而出,冒着生命危险,冲上第一线,拯救了一个个在死亡线上挣扎的同胞,有人还为此献出了自己宝贵的生命。

(二)崇尚劳动

劳动是人类的本质活动和创造财富的源泉,劳动价值虽有大小,但职业并无高低之分。进入新时代,习近平总书记以马克思主义劳动观和中国传统文化为承继,深刻洞察社会主义劳动,指出"无数事实证明,靠双手实现梦想、用劳动创造价值,既是人之为人朴素的道理,也是社会发展的根本规律,更是新时代植根于每一个劳动者内心深处的真诚信仰"。人类的一切物质财富和精神财富无不是劳动创造的,正是劳动满足人的生存发展需求,推动着社会从愚昧走向文明,从低级走向高级。

随着历史的演进,人需要向实现更高级的自我价值跃进,劳动能够帮助人树立正确的价值观、有助于人的全面发展、实现人的社会价值。无论是穿梭在街头的外卖骑手,还是凌晨挥舞扫把的环卫工人;无论是田间辛勤劳作的农民,还是埋头苦心攻关的科研人员……不同的人群里千万种忙碌的姿态,各行各业的劳动者(见图2-3)都在用奋斗充实自己、创造价值,全力奔向幸福的彼岸,成为新时代最美的风景线。

图2-3 各行业的劳动者

劳动促进人的全面发展，发挥自身的主观能动性，激发内在的动力和决心，是劳动实践得以有效开展的驱动力和保障；劳动提升人的劳动素养，在劳动过程中，可以获得幸福感和归属感。

延伸阅读

相信奋斗的力量，带着责任去劳动

来自内蒙古农村的快递员宋学文（见图2-4），是北京选出的党的二十大代表。在北京，他当过保安、看过鱼塘、做过物业、开过三轮车，见证了北京这座城市的飞速发展和巨大变化。2011年，宋学文成为一名快递员，开始负责快递配送。回望这些年，他感觉他的努力和坚持获得了回报，他始终坚信幸福是奋斗出来的。他先后获得"首都劳动奖章""全国五一劳动奖章""最美快递员""全国劳动模范""全国优秀共产党员"等荣誉称号。行业和身份逐渐被尊重、被信任，使他有了职业荣誉感。

图2-4 快递员宋学文

（三）辛勤劳动

辛勤劳动表现为勤奋工作，只争朝夕，不辞劳苦，长期坚持。勤劳是中华民族的传统美德，是个人对劳动应有的首要态度和基本立场，是诚实劳动的条件与基础。它诠释了劳动者在劳动关系中体现的实干精神、效率意识、奉献意识、自觉意识等劳动态度。

辛勤劳动是新时代青年持续奋斗的立身之本和成功保证。习近平总书记指出，青年人要"在工作中增长才干、练就本领，以真才实学服务人民，以创新创造贡献国家"。当今世界正在经历着新一轮大发展、大变革、大调整，霸权主义、贸易保护主义正严重威胁着世界多极化发展。我国作为新兴经济体和发展中国家，必须坚定不移保持和发扬勤奋踏实的优秀文化传统，抓住当前科技和产业革命的历史窗口期，才能全面提升综合国力，推动综合国力实现由量变到质变的飞跃。

肩负着民族复兴重任的青年人，需要不断奋斗，付出更加艰苦的努力、辛勤的劳动，才能不断攻坚克难、劈波斩浪，化解前进道路上的风险与困难。

中华民族具有伟大创造精神、伟大奋斗精神、伟大团结精神、伟大梦想精神，中国人民世世代代的辛勤劳动、艰苦奋斗，创造了光辉灿烂的中华文明。习近平总书记指出，今天，中国人民拥有的一切，凝聚着中国人的聪明才智，浸透着中国人的辛勤汗水，蕴含着中国人的巨大牺牲。当前，我国已全面建成小康社会，为实现中华民族伟大复兴提供了更为完善的制度保证、更为坚实的物质基础、更为主动的精神力量。但是，我们必须清醒地认识到，前进道路上仍然存在可以预料和难以预料的各种风险挑战，仍需谦虚谨慎、艰苦奋斗、埋头苦干、勇毅前行。"劳动创造幸福，实干成就伟业。"在比历史上任何时期都更接近、更有信心和能力实现中华民族伟大复兴目标之时,让我们大力弘扬劳动精神,以"行百里者半九十"的清醒,依靠辛勤劳动一起走向未来。

延伸阅读

幸福就在晶莹的辛勤劳动汗水里

秋浦歌
〔唐〕李白

炉火照天地,红星乱紫烟。
赧郎明月夜,歌曲动寒川。

炉火照耀天地,红星喷溅,紫烟弥漫,一片热火朝天的景象。冶铜工人(见图2-5)在皎洁的月光下劳作,歌声响彻山谷,令人震撼!

图2-5 冶铜工人

(四)诚实劳动

诚实劳动是指脚踏实地,恪尽职守,遵守法律法规和政策,遵循职业道德规范和工作标准,实事求是地认识和对待劳动过程和劳动成果,是辛勤劳动的升华也是创造性劳动的前提。诚实劳动表明了劳动者在劳动关系中体现的责任意识、诚信意识、担当意识、合作意识等劳动态度。这种劳动态度具体表现为:劳动者要培养法治意识、规则意识,在法律法规许可的范围内从事有益于国家和社会发展的体力和脑力劳动,摒弃偷奸耍滑、自作聪明、一夜暴富等错误思想;劳动者要注重权利和义务相统一,不能一味地享受权利而不履行作为公民应尽的义务,要彰显新时代劳动者的责任意识和担当精神;劳动者要自觉自愿营造和谐温馨、互帮互助、团结协作的文化生态氛围。

诚实是中华传统美德之一,古人云:"诚者,天之道也;思诚者,人之道也。"诚实不仅是一个人内在修养的道德,更是市场经济社会中必不可少的道德。诚实一直以来不仅是治国之道、人与人交往之道、经营之道、为人处世之道,还是一个人安身立命的根本。诚实劳动就是要广大劳动群众做无愧于心的诚实的劳动者,不仅于人无损,还要于国有益。每一个劳动者都要在自己的岗位上脚踏实地,竭尽全力做好自己的本职工作,不弄虚作假,不做损人利己的事。一方面能够有效率地完成自己的工作,实现自己的价值,另一方面也能够获得他人尊重从而齐心协力、团结劳动,提高整个社会的劳动效率,这样不仅为自己创造了丰富的物质财富和精神养料,还汇聚了诚实劳动的社会正能量。

新时代劳动精神展现着新时代砥砺奋进的新风貌,彰显着中国理论、中国制度和中国文化的价值,是促进人的全面发展、夺取新时代中国特色社会主义伟大胜利和实现中华民族伟大复兴的中国梦的重要力量源泉。大学生是民族的希望和祖国的未来,要努力弘扬劳动精神,将劳动精神转化为青春行动,为国家富强、民族振兴、人民幸福贡献自己的智慧和力量。

劳动又是现实的、具体的,每个人都必须立足本职岗位脚踏实地劳动,才能收获累累硕果。习近平总书记曾经生动地说过:"在工厂车间,就要精心打磨每一个零部件,生产优质的产品;在田间地头,就要精心耕作,努力赢得丰收;在商场店铺,就要笑迎天下客,童叟无欺,提供优质的服务。"

新时代大学生应不驰于空想、不投机取巧、不骛于虚声,诚实地运用自己的体力与脑力,不断实现梦想,获得全面发展。

延伸阅读

言必诚信,行必忠正

胡丙申(见图2-6),原山西运城夏县乡镇企业局局长,任职期间曾以个人名义先后为19户农民担保借贷69万多元资金,后因部分农民破产无法还债,胡丙申自己背上了39万元债务。退休后,他摆地摊卖对联、卖鞭炮,经营小商店,甚至给人做饭、剃头……打工10年,胡丙申替11户农民还清了39万元债务。2012年11月4日,胡丙申因肺癌晚期医治无效辞世,当地上千名群众前来吊唁,向这位诚信模范道别。

图2-6 胡丙申在清算账目

三、劳动精神的时代意义

(一)劳动精神在新时代具有更为深刻的内涵

一方面,爱岗敬业、勤奋务实是劳动精神的固有本色。爱岗敬业是劳动精神的基本要求,体现的是对劳动的尊重、崇尚和热爱。勤奋务实是劳动精神的核心。另一方面,劳动精神在新时代具有诚实守信、艰苦奋斗的鲜明特色。诚实守信是劳动精神的立足基点。诚信是指人与人之间坦诚相待,信守诺言,强调内诚于心,外信于人。新时代赋予艰苦奋斗以新的内涵,要求我们在思想上增强不怕困难的意识,坚定克服困难的信心;在意志上保持昂扬的朝气、奋进的锐气;在行动上不怕苦,不怕累,吃苦在前,享乐在后。

历史和现实都表明:一个没有艰苦奋斗精神作支撑的民族,是难以自强自立的;一个没有艰苦奋斗精神作支撑的国家,是难以发展进步的;一个没有艰苦奋斗精神作支撑的政党,是难以兴旺发达的。

今天坚持艰苦奋斗,就是要牢记基本国情和崇高使命,戒骄戒躁,艰苦奋斗,厉行勤俭节约，注意防微杜渐，反对铺张浪费和大手大脚，抵制享乐主义和奢靡之风，始终保持共产党人的蓬勃朝气、昂扬锐气、浩然正气。树立节俭意识，力戒享乐主义、奢靡之风；树立廉洁意识，做到干部清正、政府清廉、政治清明；始终保持共产党人勇于奋斗、永不懈怠的政治品质和精神状态。

（二）新时代劳动精神的具体体现

新时代劳动精神具有普遍性与广泛性、光荣性、奉献性与自我实现性、自觉性、时代推动性。

人世间的美好梦想，只有通过诚实劳动才能实现；发展中的各种难题，只有通过诚实劳动才能破解；生命里的一切辉煌，只有通过诚实劳动才能铸就。崇尚劳动、热爱劳动、辛勤劳动、诚实劳动，是人生出彩的金钥匙，也是创造美好生活的必经之路。

【思考】

你如何理解劳动精神？劳动精神的核心是什么？结合你的专业谈一谈，在专业技术岗位上如何体现新时代劳动精神？

延伸阅读

赴汤蹈火、竭诚为民

灭火救援是消防队员的职责使命，作为消防站站长的张夕忠（见图2-7）只要接到报警，就像利剑一样飞速赶赴救援现场，所以他是百姓安全的守护者，是和平时代最美的逆行者。都说"养兵千日，用兵一时"，可对消防员张夕忠来说，"养兵千日，用兵千日"。哪里发生火灾，他就会赴汤蹈火，哪里出现险情，他就会拯危扶难。从事消防工作10余年，张夕忠不论是灭火救

图2-7 消防员张夕忠

援，还是带队伍训练，始终兢兢业业、细心工作，把队员的冷暖疾苦作为自己的工作动力，把队伍的荣辱兴衰作为自己的工作目标，把百姓的安居乐业作为自己的工作追求。

作为一名消防员，张夕忠始终没有忘记最初的誓言，每次总是冲锋在前，战斗在最危险的地方，以顽强的作风、奋发的精神迎接一次次挑战，战胜一个个困难。

(三) 新时代劳动具有创造性

创造性劳动,就要敢为人先、追求卓越。劳动者素质对一个国家、一个民族发展至关重要。当今世界,综合国力的竞争归根到底是人才的竞争、劳动者素质的竞争。进入新时代,党坚持实施创新驱动发展战略,把科技自立自强作为国家发展的战略支撑。实现这一国家战略需要高水平创新人才队伍支撑,习近平总书记强调我国工人阶级和广大劳动群众要勤学苦练、深入钻研、勇于创新、敢为人先,不断提高技术技能水平;要更加重视青年人才培养,努力造就一批具有世界影响力的顶尖科技人才,稳定支持一批创新团队,培养更多高素质技术技能人才、能工巧匠、大国工匠;各级党委和政府要深化产业工人队伍建设改革,重视发挥技术工人队伍作用,使他们的创新才智充分涌流;等等,充分体现出对建设知识型、技能型、创新型劳动者大军的殷切期待。"培养创新型人才是国家、民族长远发展的大计。"在加快建设创新型国家和世界创新强国之时,让我们大力弘扬工匠精神,以锐意创新的勇气、敢为人先的锐气、蓬勃向上的朝气,依靠创造性劳动一起走向未来!

延伸阅读

一株济世草,一颗报国心

2015 年 10 月 8 日,中国科学家屠呦呦(见图 2-8)获 2015 年诺贝尔生理学或医学奖,成为第一个获得诺贝尔自然学奖的中国人。多年从事中药和中西药结合研究的屠呦呦,创造性地研制出抗疟新药——青蒿素和双氢青蒿素,获得对疟原虫 100% 的

图 2-8 屠呦呦

抑制率,为中医药走向世界指明一条方向。耄耋之年,屠呦呦依然矢志研究青蒿素的深层机制。她认为,没有传承,创新就失去根基;没有创新,传承就失去价值。在传承中创新,在创新中传承,古老的中医药方能历久弥新。

(四) 新时代弘扬劳动精神的实践价值

(1) 弘扬劳动精神是全面建设社会主义现代化国家的时代诉求。

劳动是助推社会发展的引擎,是通往美好未来的阶梯。习近平总书记指出:"实现我们的奋斗目标,开创我们的美好未来,必须紧紧依靠人民、始终为了人民,必须依靠辛勤劳动、诚实劳动、创造性劳动。"当前,"第一个百年奋斗目标"已经实现,全面建设社会主义现代化国家新征程已经开启。建设社会主义现代化国家,呼唤敢为人先、开拓进取的创新性劳动精神,推动我国实现科技自立自强,解决"卡脖子"的技术难题;呼唤刻苦钻研、精益求精的劳动精神,以知识和技能作为核心驱动力,推动

实现高质量发展；呼唤敬业担当、苦干实干的劳动精神，脚踏实地，把实体经济做实、做强、做优。建设社会主义现代化国家，需要一支知识型、技能型、创新型劳动者大军，在劳动精神的号召下，发挥工人阶级主力军作用，撸起袖子加油干。

（2）弘扬劳动精神是培养高尚道德情操的实践要求。

中华民族自古以来就是热爱劳动的民族，以崇尚劳动、尊重劳动者为表征的劳动精神是中华民族的宝贵精神财富，是培育和践行社会主义核心价值观的原生要素，理应成为全社会每个人的精神底色。然而，随着科技和社会的急速发展，劳动主体、劳动形式等发生了巨大的变化，劳动范畴的丰富化、经济主体的多元化、思想的多元化、价值的多元化、利益诉求的多元化等对人们传统的劳动价值观念产生了巨大冲击。在这种环境下，更需要大力弘扬劳动精神，端正人们对劳动的认知，培养高尚的道德品质，提高中华民族整体思想道德水平，推进社会主义精神文明建设。

（3）弘扬劳动精神是贯彻落实以人民为中心发展思想的重要支撑。

以人民为中心的发展理念贯穿习近平总书记的治国理政思想和实践，是马克思主义价值观的时代彰显，是中国共产党的最高价值遵循。劳动精神坚持以人民为中心的价值导向，奉行"发展依靠人民，发展为了人民，发展成果由人民共享"的理念，体现了劳动主体与劳动目的的统一。一方面，劳动精神充分肯定了劳动人民的主体地位，尊重和鼓励一切劳动者，以及他们的劳动创造，使广大人民群众在劳动中感受到幸福感和获得感。另一方面，劳动精神坚持了劳动使人幸福的共享理念，通过辛勤劳动获得实实在在的利益，更加公平地享有劳动成果。新时代弘扬劳动精神，就是激励广大劳动者积极投身于中国特色社会主义伟大事业建设之中。

（4）弘扬劳动精神是培育社会主义建设者和接班人的必备举措。

当前，加快建设宏大的知识型、技能型、创新型劳动者大军迫在眉睫。劳动精神培育是培养和造就时代新人的必然要求。围绕培育时代新人这个重大命题，在全社会，尤其是学校教育中培育和弘扬劳动精神，引导青少年树立正确的劳动价值观，培养良好的劳动态度，涵养深厚的劳动情怀，培养高尚的劳动品质，激发广大青少年的积极性、主动性和创造性。在劳动的过程中，充分提升青少年的道德品质、智力水平、体力水平和审美能力，并实现自我价值与社会价值的统一，最终实现人的自由而全面的发展。

【思考】

如何将传统的劳动精神与新时代劳动精神相结合？我们应该如何继承和发扬红色劳动精神？

任务2　劳动体验——现代化农业种植体验

所有文明皆起源于农耕文明，稼穑是社会发展的根基和重要一环，有稼穑经历和体验的人生更扎实，也更丰富。

现代农业文明带给当代人类的不仅仅是一种新能源，更是继工业革命之后的又一次经济形态转型的新革命。中国农业精神来自中国传统农业，体现和贯彻中国传统的

模块二　培养积极的职业精神

天时、地利、人和，以及自然界各种物质与事物之间相生相克关系的阴阳五行思想，精耕细作，轮种套种，是它的典型工作生产模式。随着中国农业的发展，越来越需要有文化、懂技术、会经营，有较强市场意识、有较高生产技能、有一定管理能力的新型农民。

一、任务目的

劳动教育实践基地，使各专业知识与现代农业劳动实践相结合，学生在了解地区现代农业种植基地现状后，可以帮助农民解决种植过程中存在的问题，使学生在体验劳动过程的基础上，从劳动中获取创新动力，从而热爱劳动、学会劳动、珍惜劳动成果，帮助学生形成良好的劳动习惯、劳动品质和积极的劳动态度、劳动精神，培养学生勤奋学习、自觉劳动、勇于创造的精神和劳动实践能力，实现知行合一。

二、任务要求

（1）学生按要求准时集合、遵守学校安全制度和基地管理制度，不乱踩、乱挖，不破坏劳动基地设施。
（2）任务结束后，整理好基地环境卫生，不留下一片垃圾。
（3）指导教师配合劳动教育基地完成教学计划。
（4）学生根据劳动实践基地对专业的应用，发挥专业优势，对基地进行技术支持，提供技术服务。

三、任务内容

（1）了解农业生产的基本常识，学习基本农业知识。
（2）能够独力完成一项简单的农事，体会劳动的辛苦和快乐，激发对劳动人民的情感，并养成勤于动手、勤俭节约的生活习惯。
（3）能够使用手机记录活动过程，并分享活动体会。

四、任务实施

劳动体验——现代化农业种植体验			
任务目标	通过体验劳动，帮助学生形成良好的劳动习惯、劳动品质和积数的劳动态度、劳动精神	存在的问题	解决办法

续表

	劳动体验——现代化农业种植体验		
任务实施	（1）准备：选定劳动项目并准备好劳动工具。 （2）记录：小组成员合作完成整个劳动过程，并拍摄劳动过程，制作劳动科普小视频。 （3）分享：线上平台分享作品，并附50字以内简介		
过程记录			
任务总结			

五、任务评价

专业	
组名	
成员	
任务体会	

模块二 培养积极的职业精神

续表

小组自评 （50 分）	评语： 分数：
教师评价 （50 分）	评语： 分数：

主题二　践行新时代劳模精神

案例导入

大生产运动

延安时期，为了克服国民党严密封锁边区、停发八路军军费、自然灾害连年频发、非生产人员猛增而造成的极端严重的财政经济困难，党中央号召开展大生产运动（见图 2-9），劳模运动随之兴起。

1939 年春，延安大生产运动正式拉开序幕。随着大生产运动的发展，劳动英雄和先进典型大量涌现。1942 年，吴满有被确定为陕甘宁边区第一个劳动英雄典型。对于农业生产中出现的吴满有、马杏儿，工业生产中出现的锅炉工赵占魁、炼铁工温贤良、工程师沈鸿、边区化工工业的创建者钱志道等劳动英雄，毛泽东称他们为"人民的领袖"，在边区建设中发挥了"带头作用、骨干作用、桥梁作用"。八路军第 359 旅则成为劳动英雄集体的代表，在王震旅长带领下进驻南泥湾，实现了"生产、战斗、学习"三丰收，密切了军政、军民和官兵关系。

延安时期的劳模运动将生产与军事紧密结合，将个人命运与边区生存相统一，不仅克服了战时困难，促进了经济发展，还提高了群众思想觉悟。劳模运动中形成的劳模精神激励着一代又一代的劳动工作者。

新时代劳动教育与实践

图 2-9 大生产运动

延安时期的劳模精神，是在陕甘宁边区开展的树立、奖励与宣传、学习劳模的运动中孕育形成的一种革命精神，即"勤于劳动、精于业务、敢于斗争、善于创造、乐于奉献"，这种精神集中体现了劳模们敢当先锋的气魄，顽强拼搏的作风，敢于斗争的勇气，献身革命的品格，服务人民的情怀。

（来源：人民网）

【思考】

结合时代背景，分析延安时期的大生产运动有何重要意义？

劳动模范简称劳模，是在我国社会主义建设事业中成绩卓著的劳动者，经职工民主评选，有关部门审核和政府审批后授予的荣誉称号。劳动模范分为全国劳动模范与省、部委级劳动模范，有些市、县和大企业也评选劳动模范。中共中央、国务院授予的劳动模范为"全国劳动模范"，与此同级的还有"全国先进生产者""全国先进工作者"。

长期以来，广大劳模以高度的主人翁责任感、卓越的劳动创造、忘我的拼搏奉献，谱写出一曲曲可歌可泣的动人赞歌，为全国各族人民树立了光辉的学习榜样。每个时期的劳模，都是时代的精神符号和力量化身。随着时代的发展，劳模被赋予了越来越多的时代内涵，但无论是生产者还是创业者，无论是比表现还是比贡献，无论是讲精神作用还是讲经济效益，劳模的核心价值都是始终不变的。

学习目标

知识目标：掌握劳模精神的内涵和核心。

技能目标：能够在生活中发现劳动美、通过劳动创造美好生活。

素养目标：培养具有崇尚劳动、尊重劳动、踏实肯干的劳动态度，自愿劳动。

模块二　培养积极的职业精神

任务1　专题讲座——劳模精神的内容与价值

一、劳模与劳模精神

（一）劳模

劳动模范是中国工人阶级和广大劳动群众的杰出代表，是民族精英、国家栋梁、社会中坚、人民楷模。多年来，在我国社会主义建设的各个历史时期，工人阶级始终表现出伟大的创造力，涌现出一大批先进模范人物。这些劳动模范以他们出色的业绩和高贵的品质，成为工人阶级学习的榜样，带动工人阶级满腔热忱地在各自的工作岗位上创造辉煌的业绩。

> **延伸阅读**
>
> 你的劳动值得被尊重——不同时代的劳模
>
> 纺织工人——赵梦桃
>
> 闻名遐迩的"梦桃精神"曾是一代又一代纺织工人的学习楷模。在1952年到1959年间，赵梦桃（见图2-10）创造了连续月月完成国家计划的先进纪录，还帮助了12名身边的同志一起成为企业的先进工作者。随后，她又创造了一套先进的清洁检查操作法，并在陕西省展开全面推广。
>
> 大庆铁人——王进喜
>
> 1960年，素有"玉门闯将"之称的王进喜（见图2-11），带领钻井队面对极端恶劣的环境和困难，缔造了5天零4小时打一口中深井的神话。而他后来不顾腿伤，带头跳进泥浆池，用身体搅拌泥浆，制服井喷的感人画面，也终于为他赢来了"大庆铁人"的光荣称号。

图2-10　赵梦桃

图2-11　王进喜

始于初心，成于坚守——林占熺

福建农林大学教授林占熺（见图2-12），是电视剧《山海情》中凌一农教授的原型人物。为解决"种植食用菌就必须砍树"的世界级难题，他无数次试验，发明出以草代木培养食药用菌的方法。如今，"菌草"已走出国门，为全世界脱贫致富提供了方案。

图2-12 林占熺

学习劳模，要学习他们实干苦干的劲头。"一勤天下无难事"，无论哪个时代的劳模，都是在某个方面有所建树的劳动者。近年来，评选出的劳模，高级技工、科研精兵的比重不断增加，知识型、技能型、创新型劳动者不断涌现。例如，中国电子科技集团公司第五十四研究所钳工夏立，多次参与卫星天线预研与装配、校准任务，装配的齿轮间隙仅有0.004 mm，相当于一根头发丝的1/20粗细。他说："多做一点点、创新一点点，日积月累，'高原'就成了'高峰'，就能推动中国制造向中国创造转变。"

学习劳模，要学习他们身上闪耀的信仰光彩。"人间万事出艰辛"，越是美好的未来，越需要我们付出艰苦努力。没有哪代人的青春是容易的，重温他们的故事，想想这些平凡人何以把不可能变为可能，心底就有"相信"，眼中便有光彩，走过风雨看到彩虹，用劳动与奋斗为中华民族伟大复兴贡献力量。

（二）劳模精神

劳模精神是劳动精神在新时代的生动诠释。劳模精神是劳动者品质在劳模身上的集中体现，是劳动精神的生动诠释。习近平总书记指出："劳动模范身上体现的'爱岗敬业、争创一流、艰苦奋斗、勇于创新、淡泊名利、甘于奉献'的劳模精神，是伟大时代精神的生动体现。"劳模精神是劳模群体特有的思想观念和价值取向，但劳模精神不囿于劳模群体，是超越劳模群体的社会性精神。劳模精神已成为劳动精神的一面旗帜，引领更多的劳动者向劳模学习，向劳模看齐，以实际行动践行劳模精神。

二、劳模精神的内涵

劳模精神的内涵是"爱岗敬业、争创一流、艰苦奋斗、勇于创新、淡泊名利、甘于奉献"。其中，"爱岗敬业、争创一流"是劳模精神的本质特征，体现了劳模对国家、社会、职业的高度责任感、使命感和舍我其谁的主人翁精神；"艰苦奋斗、勇于创新"是劳模精神的品质，劳动模范是辛勤劳动、诚实劳动、创造性劳动的积极实践者，他们踏踏实实、奋发图强、勇于挑战、敢为人先，在实现中华民族伟大复兴的历史征程中埋头苦干、求真务实、创新创造；"淡泊名利、甘于奉献"则是劳模精神的价值追求，彰显了劳模先进心甘情愿、默默坚守、全身心地工作，不追求声名和私利的精神

模块二　培养积极的职业精神

品质。他们在平凡的岗位上做出不平凡的业绩所坚持的基本信念是劳模精神。其中，"爱岗敬业"是本分，"争创一流"是追求，"艰苦奋斗"是作风，"勇于创新"是使命，"淡泊名利"是境界，"甘于奉献"是修为。做一个守本分、有追求、讲作风、担使命、有境界、有修为的人，是每一位劳模的精神风范，更是每一位劳动者应该追求的目标。

劳动模范作为时代领跑者，在不同时期、不同岗位上，用自己的劳动，在党和国家历史上写下了绚丽的篇章。评选和表彰劳动模范，宣传和弘扬劳模精神，是中国共产党创立和运用的一种有效的社会动员方法。

劳动创造幸福，奋斗铸就伟大。习近平总书记在全国劳动模范和先进工作者表彰大会上强调，要大力弘扬劳模精神、劳动精神和工匠精神，指出立足新发展阶段，贯彻新发展理念，构建新发展格局，推动高质量发展，必须紧紧依靠工人阶级和广大劳动群众。

（一）爱岗敬业、争创一流

爱岗敬业是"爱岗"与"敬业"的总称。"爱岗"和"敬业"，互为前提，相互支持，相辅相成。"爱岗"是"敬业"的基石，"敬业"是"爱岗"的升华。一份职业，一个工作岗位，都是一个人赖以生存和发展的基础保障。

> **伟大而平凡**
>
> 真正的学者真正了不起的地方，是暗暗做了许多伟大的工作而生前并不因此出名。
>
> ——巴尔扎克

广大劳模爱岗敬业、争创一流，在平凡的岗位上创造了不平凡的业绩。他们是推动发展的实践者，也是成就梦想的"实干家"。爱岗敬业是平凡的奉献精神，因为它是每个人都可以做到的，而且应该具备的。

1. 职业奉献

爱岗敬业是伟大的奉献精神，因为伟大出自平凡，没有平凡的爱岗敬业，就没有伟大的奉献。只有爱岗敬业的人，才会在自己的工作岗位上勤勤恳恳，不断地钻研学习，一丝不苟，精益求精，才有可能为社会为国家做出崇高而伟大的奉献。

2. 职业道德

爱岗敬业是忠于职守的事业精神，是职业道德的基础。爱岗就是热爱自己的工作岗位，热爱本职工作；敬业就是要用一种恭敬严肃的态度对待自己的工作。求职者与用人单位的双向选择，能使更多人从事自己所感兴趣的工作，用人单位也能挑选自己所需要的合适人选，在社会主义市场经济条件下，双向

> **态度决定一切**
>
> 在工作中，许多时候决定成败的，并非能力，而是心态。全心全意，全力以赴，潜能方可尽显，让态度成为竞争的决胜武器，你准备好了吗？

选择的就业方式为更好地发挥人的积极性创造了条件。这一改革与社会主义职业道德

基本规范要求的爱岗敬业并不矛盾。

(二) 艰苦奋斗、勇于创新

艰苦奋斗,是党团结和带领人民实现国家富强、民族振兴的强大精神力量。党的历代中央领导集体都十分重视继承和发扬艰苦奋斗的精神,并将其作为一贯的治党、治国、治军的重要原则贯穿始终。在新的历史条件下,要追寻党的大力弘扬艰苦奋斗精神的思想发展轨迹,永远高扬艰苦奋斗的旗帜不动摇。

回顾伟大的延安精神,其本质是勤俭节约、艰苦朴素的精神。毛泽东、周恩来、朱德等老一辈无产阶级革命家,是当时的最高领导人,住的却是普通的窑洞,用的是部队配发的木椅、木床,而正是在那张木桌上,他们给中国革命指明了正确的道路。奠基西北精神、抗大精神、延安整风精神、张思德精神、白求恩精神、南泥湾精神、劳模精神七种精神,展示了延安精神是中国共产党在延安时期培育的伟大的时代精神,是我们战胜敌人、夺取胜利的力量之源和精神支柱。

党的二十大闭幕不到一周,习近平总书记带领中共中央政治局常委来到陕西延安,瞻仰延安革命纪念地。习近平总书记指出,"全党同志要把老一辈革命家和共产党人留下的光荣传统和优良作风传承好发扬好""全党同志要大力弘扬自力更生、艰苦奋斗精神"。在新时代党和国家事业取得历史性成就、发生历史性变革的辉煌时刻,在全党全国各族人民迈上全面建设社会主义现代化国家新征程、向第二个百年奋斗目标进军的关键时刻,习近平总书记向全党郑重提出"务必谦虚谨慎、艰苦奋斗",充分体现了中国共产党人自警自励的政治智慧和求真务实的政治品格,充分彰显了一个百年大党永葆"赶考"的清醒和坚定,把党和人民事业长长久久推进下去的强烈历史自觉和主动精神。

但是,总体上看,我国关键核心技术受制于人的局面尚未根本改变,创造新产业、引领未来发展的科技储备远远不够,产业还处于全球价值链中低端,军事、安全领域高新技术方面同发达国家仍有较大差距。因此,我们必须把发展基点放在创新上。坚持创新发展,既要勇于创新,也要善于创新,要抓住关键、超前谋划、超前部署。"关键核心技术是要不来、买不来、讨不来的",必须"掌握在自己手中",要沿着中国特色自主创新道路,全面提高自主创新能力。社会实践是不断发展的,我们的思想认识也应不断前进,应勇于和善于根据实践的要求进行创新。

(三) 淡泊名利、甘于奉献

大力弘扬淡泊名利、潜心研究的奉献精神。静心笃志、心无旁骛、力戒浮躁,甘坐"冷板凳",肯下"数十年磨一剑"的苦功夫。反对盲目追逐热点,不随意变换研究方向,坚决摒弃拜金主义。

> **态度决定一切**
>
> 非淡泊无以明志,非宁静无以致远。
> ——诸葛亮《诫子书》

模块二 培养积极的职业精神

三、劳模精神的时代意义

新时代开启新征程，迎接新使命。在新的伟大征程中，我们要爱岗敬业、甘于奉献，弘扬劳动最光荣、劳动最崇高、劳动最伟大、劳动最美丽的社会风尚；要坚定不移听党话、矢志不渝跟党走，发扬优良传统，自觉把人生理想融入国家富强、民族复兴的伟业之中。自力更生、艰苦奋斗的精神是自信、自强、自立的主体精神，是一种不畏艰险、顽强拼搏、奋发有为、昂扬向上的创造精神，是克勤克俭的高尚品德。作为一名延安精神的传承者、宣传者和践行者，我们要自觉用延安精神滋养初心，保持和发扬党的优良传统和作风，肩负起弘扬延安精神、传承红色基因的历史使命。

【思考】

劳模精神的内涵是什么？结合你的专业谈谈将来如何践行新时代劳模精神。

任务2 劳动体验——"最美劳动者"摄影活动

《道德经》有云："贵以贱为本，高以下为基。"万丈高楼、明亮闪耀的万家灯火，是由万千建设者奋斗出来的，宜人干净的环境是由默默劳动的环卫工人清扫出来的。职业没有高低贵贱之分，只是分工不同而已。

在干净的街道上、在忙碌的医院里、在安静的校园里、在郁郁葱葱的农田里、在人流如织的十字路口……劳动者用汗水书写着美丽人生。劳动模范在自己的岗位上默默无闻地奉献着青春与年华。模范始于普通，小组成员合作寻找身边普通劳动者坚守、默默付出的优秀劳动案例，聚焦劳动者，拍摄美好瞬间，每张图片配文50字以内。

一、任务目的

为弘扬劳动精神，展示劳动者的风采，举办"最美劳动者"摄影活动。各小组分别用镜头记录那些令人感动的劳动瞬间或是令人印象深刻的劳动者。作品中可以是寝室管理员值班的画面，保安执勤的画面，也可以是环卫工人捡拾垃圾的画面，从不同角度体现劳动者的伟大，使学生树立劳动不分贵贱的观念，做到尊重劳动者，尊重劳动成果。

二、任务要求

（1）以劳动者为被拍摄主体，通过照片展示劳动者的风采，照片内容应积极向上。

（2）在不违背客观事实的前提下，可以适当调整照片的色彩或色调。

（3）不得盗用他人拍摄的照片，进行采访时应注意方式，语言行为要得体，不得影响劳动者正常工作。

三、任务内容

（1）了解摄影构图的方式，熟悉人物拍摄技巧。

（2）在摄影过程中加深对劳动之美和劳动精神的理解，丰富精神世界，提高精神境界。

（3）在不影响劳动者正常工作的前提下，进行适当采访，记录劳动者的工作过程，并真实拍摄劳动过程。

四、任务实施

劳动体验——"最美劳动者"摄影活动				
任务目标	寻找最美劳动者，感悟劳动精神		发现问题	解决问题
活动实施	（1）记录：小组成员合作完成，拍摄劳动者过程，并记录感人瞬间。 （2）分享：线上平台分析作品，每张照片附50字以内简介			
过程记录				
任务总结				

模块二　培养积极的职业精神

五、任务评价

专业	
组名	
成员	
任务体会	
小组自评 （50 分）	评语： 分数：
教师评价 （50 分）	评语： 分数：

主题三　弘扬大国工匠精神

案例导入

如切如磋，如琢如磨

高凤林（见图2-13），河北东光人，1980年9月参加工作，大学学历，学士学位，中国航天科技集团公司第一研究院国营二一一厂特种熔融焊接工，发动机零部件焊接车间班组长，高级技师，全国国防科技工业系统劳动模范、全国道德模范、全国技术能手、首次月球探测工程突出贡献者、中华技能大奖获得者、中国质量奖获奖者。

图2-13　工作中的高凤林

30多年来，高凤林先后参与北斗导航、嫦娥探月、载人航天等国家重点工程，以及长征五号新一代运载火箭的研制工作，一次次攻克发动机喷管焊接技术世界级难关，出色地完成亚洲最大的全箭振动试验塔的焊接攻关，修复苏制图154飞机发动机，还被丁肇中教授钦点，成功解决反物质探测器项目难题。高凤林先后荣获国家科技进步二等奖、全军科技进步二等奖等20多个奖项。

高凤林吃饭时拿筷子当焊丝，练送丝的动作，喝水时端着盛满水的缸子练稳定性，休息时举着铁块练耐力，冒着高温观察铁水的流动规律。为了保障一次大型科学实验，他的双手至今还留有被严重烫伤的疤痕。为了攻克国家某重点攻关项目，近半年的时间，他天天趴在冰冷的产品上，关节麻木了、青紫了，他毫不在乎，他甚至被戏称为"和产品结婚的人"。2009年获国务院政府特殊津贴，2015年获得"全国劳动模范"称号，2018年，被评为"大国工匠年度人物"，2019年获"最美奋斗者"个人称号。

高凤林以卓尔不群的技艺和劳模特有的人格魅力、优良品质，成为新时代高技能工人的时代坐标。

（来源：中国运载火箭技术研究院新闻中心）

模块二　培养积极的职业精神

工匠，即有工艺专长的匠人。自手工业生产以来，工匠们以自己的独具匠心和真诚劳作，创造出一件件经典的作品，赋予了中华民族灿烂文明以实体形态。工匠精神，最早用来指代手工业劳动者精益求精的一种精神追求。自春秋时期孔子就曾教导弟子"事思敬、执事敬"，至今在我国已发展和延续数千年。尽管新时代的劳动者所处的行业、从事的工种不同，但他们都具有共同的特点和职业精神、工匠精神。因此，工匠精神已延伸到各行各业，是不同行业的劳动者在劳动过程中形成的行为习惯、价值信念和精神表达，蕴含着爱国敬业、专注求精与传承创新等丰富的精神内涵，是当代职业人孜孜追求的精神品质。

爱国敬业体现了工匠精神的情感内涵。无论是大国重器的打造者，还是普通岗位的劳作者，爱国敬业是每一位工匠最根本、最深层、最强劲的动力来源。为了更好地满足人民群众的生产生活需要，工匠们在各自的岗位上勇挑重担、兢兢业业。"职业"在他们眼中不只是一个赖以谋生的手段，更是一个承载着人生价值与社会价值的重要使命和值得坚守的价值目标。怀着爱国的热忱，工匠们为促进人民生活水平的提升和国家经济、社会的发展作出了不可磨灭的贡献。"执着专注、精益求精"是工匠精神的灵魂。俗语说，"冰冻三尺非一日之寒""艺痴者，技必良"，大国工匠们精湛的技艺是一遍遍反复磨炼、忍受常人无法忍受之苦练就的技艺。

学习目标

知识目标：掌握工匠精神的内涵和核心，能够理解新时代工匠精神的重要意义。

技能目标：能够在生活中发现劳动美、通过劳动创造美好生活。

素养目标：培养具有崇尚劳动、尊重劳动、踏实肯干的劳动态度，自愿劳动。

任务1　专题讲座——大国工匠精神的内容与价值

一、工匠精神

中国的工匠精神来源于农耕文明时期的四大发明和庖丁、鲁班等优秀工匠文化的传承。从传统意义上讲，工匠精神主要体现在产品制造过程。而从现代意义上讲，随着"平等、开放、协同、共享"的互联网精神的深入，实现了企业内的去中心化、企业间的无边界化、产业内的网络生态及行业间的互联互通。工匠精神，在产业内从

85

制造环节向前、向后延伸至研发、制造、营销、物流、服务的每一环节都要求精准；在产业间从制造业延展至商业、金融业、服务业乃至社会的各行各业也都要求精准。因此工匠精神不仅体现在物质生产领域，而且也体现在非物质生产领域。

工匠精神（见图2-14），对于个人，是干一行、爱一行、专一行、精一行、务实肯干、坚持不懈、精雕细琢的敬业精神；对于企业，是守专长、制精品、创技术、建标准、持之以恒、精益求精、开拓创新的企业文化；对于社会，是讲合作、守契约、重诚信、促和谐、分工合作、协作共赢、完美向上的社会风气。

图2-14 《大国工匠》

二、工匠精神的内涵

工匠精神可以从六个维度加以界定，即专注、标准、精准、创新、完美、人本。其中，专注是工匠精神的关键，标准是工匠精神的基石，精准是工匠精神的宗旨，创新是工匠精神的灵魂，完美是工匠精神的境界，人本是工匠精神的核心。

（一）专注

专注包括长期专注、终生专注、多代专注，指围绕某一产业、某一行业、某一产品、某一部件，做专做精、做深做透、做遍做广、做强做大、做久做远。创业之初，针对自身核心优势，不断深耕细作、精雕细琢、精益求精，即聚焦、聚焦、再聚焦，坚持、坚持、再坚持。兴业之中，针对产品痛点、难点，日之所思、梦之所萦，耐住寂寞、慢工细活，踏踏实实，一以贯之。

（二）标准

做标准是做企业的最高境界。标准包括员工标准、现场标准、流程标准、设备标准、技术标准、安全标准、环境标准、产品标准等。以流程标准为例，把复杂问题简单化，把简单问题数量化，把数量问题程序化，把程序问题体系化。流程标准形成体系以后，自驱动性、自增长性、自优化性、自循环性，即自运行性，轮回上升。海尔集团创始人张瑞敏指出，把简单问题无限次重复下去就是不简单。华为技术有限公司总裁任正非认为，有了标准，首先僵化、固化，然后再去优化。专注体现的是一以贯之，标准体现的则是一丝不苟。

（三）精准

精准包括精准研发、精准制造、精准营销、精准物流、精准服务。不仅每一环节都要做到精准，而且整个过程都要做到精准。就每一环节而言，精准最高目标为：研发做到与用户零距离交互，制造出的产品做到没有缺陷，营销时能使库存为零，物流优化为零时间，服务实现零抱怨。就整个过程而言，第一次就做对，每一次都做对，层层做对，事事做对，时时做对，人人做对。

进入互联网时代后，精准在技术上又有了新的挑战。一是精准数据。例如，德国采用自动化和信息化技术收集数据，这保证了数据的完整性和精准性。而国内由于自动化和信息化水平低，一般还以人工收集数据为主，从而导致数据上的不完整性和不精确性。二是精准链接。例如，国内供应商因自动化和信息化水平参差不齐，这造成了即使是一个自动化和信息化水平较成熟的制造企业，也很难推动包括供应商整合管理在内的精准性。

（四）创新

创新既包括迭代式创新，也包括颠覆式创新；既包括微创新，也包括巨创新；还有跨界创新等。工匠精神内涵本身也在不断发展。与工业4.0相对应，也应该有工匠精神4.0。手工化时代，体现的是工匠精神1.0的内涵；机械化时代，体现的是工匠精神2.0的内涵；自动化时代，体现的是工匠精神3.0的内涵；智能化时代，体现的是工匠精神4.0的内涵。在工业4.0时代，未来工厂能够自行优化，并控制整个生产过程，还将实现包括人人互联、物物互联、人机互联在内的智能互联。

（五）完美

完美是专注、标准、精准、创新的自然产物和综合体现。完美，即把产品做得像艺术品一样精美、精致，以此实现从"质量制造"向"艺术制造"的转型。以高端电饭煲为例，其高质量源于对技术、结构和材料的完美追求：运用IH加热技术，使整锅米饭均匀加热；运用IH压力技术，保证锅体内的压力达到1.2个大气压、水的沸点达105℃左右的"煮饭最佳温度点"时，煮出来的米饭晶莹剔透，粒粒分明，软硬适中。每个创新点都浸润着研发者无数次试验的心血，都需要大量方案反复推敲锤炼。

（六）人本

工匠精神的核心在人。产品是人品的物化。过去，产品、人品是分离的；现在，产品、人品是合一的。正如海尔集团创始人张瑞敏所言，所谓企业就是"以心换心"，即用员工的"良心"换取顾客的"忠心"。打磨产品的过程，就是打磨自己的内心。个人内心升华的过程，就是产品质量提升的过程。

三、工匠精神的时代意义

中国有句老话叫"技多不压身"，习近平总书记多次强调要"培养更多高技能人才和大国工匠",并发出"走技能成才、技能报国之路"的号召,对广大劳动者,特别是青年一代是巨大的鼓舞。近年来,国家通过一系列政策、举措,努力让技术工人在发展上有空间、经济上有保障,大力培育尊崇工匠精神的社会风尚。大国工匠们把专注不移、追求极致的气质,融进了他们出神入化的手艺,把手里的一件件产品、一次次任务都做成了一个个卓越的作品。"着一事、传一艺、显一技",这种精神境界,也是值得所有劳动者学习的一种职业精神。

当今世界竞争归根到底是人才的竞争、劳动者素质的竞争。习近平总书记强调:"我国经济要靠实体经济作支撑,这就需要大量专业技术人才,需要大批大国工匠。"实践充分证明,技术工人队伍是支撑中国制造、中国创造、中国建造的重要基础。

【思考】

什么是工匠精神?工匠精神的内涵是什么?工匠精神的时代意义是什么?

任务2　劳动体验——寻找各行各业的大国工匠案例

大国工匠都是穷其一生、持之以恒在自己的领域耕耘,不断改良技术、创新方法。工匠精神的传承不只是技术的继承,更是匠人们经过日复一日磨炼所得的精神感悟的传承,更强调技术发扬过程中的突破常规、别出心裁、与时俱进和改革创新。因此"道技合一、传承创新"的精神内涵促使工匠精神能够经受住岁月的洗礼,不断焕发出新的魅力与光彩。

一、任务目的

根据专业寻找你身边的"工匠",进行采访并拍摄短视频,记录行业"工匠"在身边的引领和示范作用,以及在提升创造力水平方面的积极意义。

二、任务要求

(1)端正态度。不应在采访中加入自己对采访对象的主观看法。

(2)尊重采访对象,举止文明,衣着言行得体。例如,不要随意打断采访对象的陈述,拍摄视频时要事先征得采访对象的同意。采访是交谈,是真情对话,而不仅仅是提问,采访对象只有在完全放松的状态下,才可能有强烈的表达欲望。

(3)语气温和,态度诚恳。温和的语气会拉近采访人员与采访对象之间的距离,更容易让采访对象敞开心扉。如果采访人员语气平淡,会让采访对象觉得采访人员只是在应付工作。

(4)不提及敏感话题。敏感话题易使采访对象不悦,因此在采访前,采访人员要多收集采访对象的相关信息,仔细设计每一个问题。

(5)从采访对象感兴趣的话题入手。采访时,采访人员可以先询问采访对象感兴趣的问题,使采访对象提起聊天的兴致。

三、任务内容

（1）各小组分工，寻找身边专业领域的"工匠"，完成采访任务。

（2）联系采访对象，约定好采访日期，确定采访地点，提前了解采访对象的工作内容，列出提纲并提前发给采访对象进行确认。

（3）采访话题围绕"工匠精神"进行设计，详细记录采访过程，进行总结分享。

四、任务实施

劳动体验——寻找各行各业的大国工匠案例			
任务目标	培养和树立工匠精神对于增强其劳动认同感、树立正确的劳动价值观、提升创造力水平都有积极意义	发现问题	解决问题
任务实施	（1）记录：小组成员合作完成，拍摄"工匠"的工作过程和面对问题的解决方法和态度，将记录过程制作成短视频，并融入团队感想。 （2）分享：线上平台分析作品、感想和拍摄过程		
过程记录			
任务总结			

五、任务评价

专业	
组名	
成员	
任务体会	
小组自评 （50分）	评语： 分数：
教师评价 （50分）	评语： 分数：

模块三

新时代的劳动与创新创业

> 伟大的成绩与辛勤劳动是成正比例的，有一分劳动就有一分收获，日积月累，从少到多，奇迹就可以创造出来。
>
> ——鲁迅

随着中国经济的快速发展，创新和创业已成为支撑经济发展和科技进步的重要力量。在这一背景下，高校创新创业教育就成了教育改革的重要方向之一。高校作为培养人才的重要场所，培养学生的创新和创业能力越来越受到重视。然而，在实际教学中，许多高校的创新创业教育往往脱离了实际生产和生活，无法有效地提高学生的实际能力和创造力。因此，在新时代，高校应该将劳动教育与创新创业教育有机融合起来，赋予学生更加丰富的实践经验和创新能力。

高校劳动教育与创新创业教育的融合，一是有利于培养学生的创新和创业精神。劳动教育和创新创业教育都是培养学生创造力和创新精神的有效途径。通过劳动教育，学生可以获得直接参与生产和实践的经验，培养实际动手的能力和创造性思维；而创新创业教育则更注重创造新的商业模式和产品，培养学生的市场意识和创业能力，两种教育的融合可以使学生更好地掌握从实际生产中寻找新的市场机遇的能力。二是有利于提高学生的职业素养。在现代社会，企业招聘的标准不仅仅是学术成绩，还需要具备较强的实际工作经验和实践能力。劳动教育和创新创业教育的融合，可以使学生更好地锤炼自己的专业技能和职业精神，了解市场和企业需求，为未来的职业发展打下坚实的基础。三是有利于促进学生的身心健康。在新时代，身心健康已经成为全社会关注的热点。通过劳动教育，学生可以锻炼身体，预防慢性病。而创新创业教育则可以降低学生心理压力，增强抵抗力，保持身心健康。

融合劳动教育与创新创业教育的路径，一方面，需要改变传统的高校教育理念，将现实教育和创新创业教育紧密结合起来。另一方面，还需要有一个完备的教育体系，包括优秀的师资、配套的实践环境，以及具有实际使用价值的教育内容等。要实现这一路径，高校可以积极探索校企合作、校地合作与政府合作等多种发展方式，促进学生的创新创业意识和能力的提高。此外，高校应该加强现实课程的设置和改革。

高校劳动教育与创新创业教育的融合是一种有益的尝试，既以劳动实践为基础，又以创新创业为导向，有望为学生的全面发展奠定良好的基础。

主题一　人工智能时代的劳动

案例导入

全国五一劳动奖章获得者——彭菲：与人工智能共同成长

"一直学习新知识的过程确实不轻松，很有挑战性。"说起自己的研究，彭菲一改生活中的腼腆和内向，侃侃而谈，语气里透着兴奋和自豪。

彭菲（见图3-1）是汉王科技股份有限公司（以下简称汉王科技）研发中心研发经理，2023年全国五一劳动奖章获得者。2010年，她从清华大学获硕士学位后，来到汉王科技，成为一名算法工程师。13年来，彭菲先后从事红外光人脸识别、可见光人脸识别、手掌静脉识别、智能视频分析等多项人工智能算法的研发和改进工作。她牵头研发的人工智能算法落地教育、安防等多个领域，创造了近10亿元的经济效益。

图3-1　工作中的彭菲

汉王科技是国内最早进行人脸识别研究的企业之一，早在2008年就推出了首款嵌入式人脸识别系统。彭菲进入公司后接到的第一个任务，就是对红外人脸识别产品进行升级。"那个时候我们想用国产芯片替代进口芯片，但是发现把原有算法引进到国产芯片的时候，速度会变慢，影响用户体验。"彭菲说。为了解决这个问题，彭菲查阅大量资料、论文，修改算法，试验、改进、再试验、再改进，将原有算法提速了10倍左右，为公司节约了大量成本，同时提高了产品性能。现在，搭载该算法的人脸识别产品不仅服务于国内市场，还销往全球50多个国家和地区，被广泛使用。

随着汉王科技的研究重点逐渐从红外人脸识别转向可见光人脸识别，彭菲的工作重心也随之转移。

"相比于红外光必须有一个主动光源照射才能进行后续识别，可见光识别受场地局限

模块三 新时代的劳动与创新创业

更小，应用场景也更广泛。"那段时间，彭菲通过模拟增加或去掉不同光照类型的方式，反复调整算法，实现了效果提升。这项研究获得了北京市科学技术进步二等奖。后续，彭菲负责研究的可见光人脸识别算法，通过了公安系统的多个权威机构认证，相关产品及解决方案还曾服务于G20峰会、中华人民共和国成立70周年庆典等多项重大活动。

几年前，新冠病毒疫情打乱了大家的生活，口罩让人脸识别技术面临新的挑战。彭菲迅速组织算法团队成员，攻关如何进行戴着口罩的人脸识别。她设计了多套算法方案，并对其进行一一验证，短短几周时间她就设计出了高精度的戴口罩人脸识别方案。当时，每推出一版算法，彭菲和团队成员们就利用公司内部手机考勤线上人脸打卡的机会进行试验，哪有问题立马改。不但如此，彭菲还主导（参与）了手掌静脉识别、指静脉识别、虹膜识别、步态识别等多项生物特征识别技术的研究。

现在，彭菲带领团队主攻智能视频分析算法的研发和配合产品化，已开发出人车结构化、烟火检测、变化区域检测、异常行为检测等多项功能并嵌入到汉王智能视频分析平台。这些功能可以用于自动监测初期火灾、工程车非法区域挖掘、城市"生命线"安全监测、校园监控等多个领域。自2019年投入使用至今，已累计为国家挽回了上百亿元损失，保障了人民生命财产安全。

"人工智能领域技术发展太快了，永远都有新东西出现，你要一直去学习。"彭菲说，与人工智能共同成长，她享受这种不断探索新事物的过程。

（来源：北京日报）

【思考】

彭菲身上有哪些值得我们学习的精神？你还知道哪些关于人工智能的人物故事呢？

人工智能时代的日常生活劳动、生产劳动和服务性劳动或多或少融入了智能技术元素，它们或以智能技术为手段，提高原本的劳动效率，或在此基础上产生的劳动结果、创造出的产品本身包含智能技术，如物联网基础器件、智能软硬件、智能机器人等。而智能技术设备应用、虚拟仿真空间架构、智能科技元素等智能技术及其社会影响的深度卷入，更在不同程度上变革了劳动手段、劳动场域、劳动过程与劳动时间，使之呈现出新的特点，并引发劳动教育在育人身份、实践方式、育人重心和劳动价值取向的内在博弈。

学习目标

知识目标：了解人工智能时代的劳动教育内涵。

技能目标：能够利用人工智从事各类劳动，能用新颖独创的方法解决实际问题，打破思维障碍。

素养目标：培养主动劳动意识，自觉培养发散思维和创新思维。

任务1　专题讲座——人工智能时代的劳动教育内涵

劳动是劳动教育的本体论范畴，没有劳动就没有劳动教育。考查人工智能时代的劳动教育，首先要审视人工智能时代的劳动内涵及其特征。劳动的原初意义是一种人类创造物质或精神财富的活动，专指体力劳动或进行体力劳动。但劳动作为一种动态的规范性要求，它的内涵与表现形式往往随着时代的发展而变化。自步入人工智能时代以来，智能技术逐步替代传统机器成为社会生产的主要工具，变革着传统劳动的生产力与生产关系，比以往更为深刻地渗透于各类劳动中。

一、智能化劳动手段引起劳动教育育人身份博弈

人工智能技术改变了传统的劳动手段，推动了劳动手段的智能化。各种经济时代的区别，不在于生产什么，而在于怎样生产，用什么劳动手段生产。从远古石器时代到互联网时代，劳动手段的进步标志着人类社会生产力迭代发展，也促进了劳动转型。长期以来，人类的劳动主要表征为手工劳动或借助大机器生产的机械劳动。在人工智能时代，越来越多的智能工具和设备成为人类新的劳动手段，劳动教育中的劳动手段也在总体上呈现出智能化趋势。智能技术对人的思维与官能的模拟强化了劳动教育中劳动手段的自主性和类人性。不仅通过可编程的乐高智能、3D打印机等硬件技术与大数据、物联网、虚拟现实等软件技术等，推动劳动手段和途径的多样化，更以乐高机器人、积木式机器人、能力风暴机器人等半自主或全自主的类人形态实现对劳动教育的深度渗透。在这个意义上，智能技术不仅能够实现对劳动教育手段与方式的迭代优化，更有可能以其人类意识、思维和能动性跃迁为与人类教师（以下简称人师）比肩的劳动教育者，拉开一场人机之间劳动教育主客体的身份博弈，引发劳动教育中人与技术关系的深刻变革。

在人与技术之间劳动教育者的身份争锋中，智能技术将可能以其算法优势，由劳动实践的工具客体跃迁为劳动教育的重要主体，甚至会成为劳动教育者。这是因为，智能技术能够以内置的算法程序帮助学生了解技术设备的操作方法、学习与智能时代新兴产业相关的知识，并提供针对性指导，辅以个性化答疑，有效减轻学生的学习压力和认知负担。融合仿生科技的人形机器人更能作为学生人性化"学伴"，协助学生创造劳动成果，增强劳动教育的实操性和趣味性，提高劳动教育效率。智能技术在某些基础教学任务上能更好地承担传统人师的育人工作，胜任教育者的角色，进而挑战人师在劳动教育中的主体地位，而人师则面临被物化为劳动教育客体，乃至从劳动教育中退出的可能。整体而言，人师与智能技术之间存在劳动教育主体客体化与劳动教育客体主体化的错位趋向，劳动教育可能陷入被人工智能规训的境地，很难跨越技术主导式教学的育人藩篱，乃至成为人依附技术而非技术服务于人的教育。

二、虚拟化劳动场域推动劳动教育实践方式博弈

人工智能技术改变了传统的劳动场域，推动劳动场域虚拟化。传统劳动产品的实

模块三 新时代的劳动与创新创业

体性决定了劳动发生场所的现实性。在人工智能时代，在人工智能技术和设备的支持下，特别是在区块链与物联网等智能技术的碰撞下，劳动内容与劳动成果从实体产品转变为虚拟产品，文化、信息、知识等成为智能时代劳动的产物。学生的劳动场域也将由传统课堂内外的实体空间逐渐拓展到网络空间，呈现出泛在化、数据化的特征。未来的劳动教育将更可能依托全时域的数字网络、以线上教育的形式开展，体现出公共化和个体化的实践特点。

一方面，劳动教育中学生劳动实践的公共化。劳动教育极大地解放了个体对现实社会关系的依赖，允许师生依托线上劳动教育平台开展劳动实践，不同学生即使身处异步时空也能相互协作，实现跨时域、开放式的劳动实践，劳动将成为人与人之间多边合作的公共行动。另一方面，劳动教育中学生劳动实践的个体化。以网络空间和智能终端为载体，不仅提高了劳动的便捷性，还意味着学生劳动自由度的增加。师生以网络交流等形式开展劳动教育，学生较少受到教师的直接指导与过程性监测，可以自主决定是否劳动，以及何时、何地、以何种方式劳动。公共化与个体化作为劳动教育中学生实践方式的二重向度，将引发劳动教育实践方式的博弈。劳动教育过程中，由于网络空间的虚拟性、全知性和自由性，现实世界中以班集体为主的集体教育作用均有所弱化，客观上淡化了劳动教育实践方式的公共性，使之更多呈现出个体化特征。具体而言，线上劳动教育平台将原本以班级为单位的劳动集体分散开来，使之转变成虚拟网络中相对孤立的个体，学生更趋向于独力劳动，很难在网络空间中重建如同实体课堂中班集体一般的凝聚力。加之师生因网络屏幕相互区隔，教师对学生群体开展集体劳动教育的育人效力在一定程度上被弱化。此种情况下，学生往往以个人为单位开展基于网络的线上劳动，较少受到现实生活中劳动准则的指导、规约与实践规范。出于个人兴趣和劳动需求，学生在线上劳动的过程中主动或被动地接受多样化的观念信息，缺乏对劳动信息的批判意识，易受网络空间中消极劳动观的影响与侵蚀，导致师生、学生之间的人情冷漠和劳动道德感弱化。

【思考】

人工智能技术改变了传统的劳动场域，推动劳动场域虚拟化。在这种情况下如何来强化劳动教育？

三、创新化劳动过程造成劳动教育育人重心博弈

人工智能技术改变了传统的劳动过程，传统重复性、机械性的体力劳动已不能适应社会发展的需要，劳动过程将愈发创新化。这意味着智能时代的劳动过程将更具创新性，呼唤个体意识、理解、批判性思维、想象力等脑力要素的参与，以实现科学知识的新发现和技术工艺的创新。实际上，在人工智能不断追赶人类智能的当下，唯有充分发挥人类大脑的智慧，才能创造出更多智能技术难以企及的、更具创意性的劳动形式和劳动价值。为此，智能时代的劳动教育需与时俱进地反映产业新业态和劳动新形态，要求学生打破旧有的思维模式，从新角度、新方式去思考，对劳动对象予以创

95

造性的改进、加工和应用，生产出更多具有创新性的劳动产品。劳动教育强调脑力创造，内容多与智能技术接轨，要求学生大量脑力劳动的参与，并注重加强学生对智能技术相关知识的学习。某种程度上，劳动教育中的"体力劳动在机器替代下日益衰微，以知识、信息等为驱动的脑力劳动、数字劳动的比重不断增加"。如此一来，在智能时代的劳动教育中，围绕育人重心，脑力劳动和体力劳动、理论学习与实践锻炼必将展开相互博弈，其所处地位将趋于失衡。

受科技变革和社会发展需要的影响，智能时代的劳动教育有可能将教育重心放在逻辑化、系统化的理论知识学习上，强调传授有关人工智能的新知识、新技术和新工艺，呈现出对全脑教育和心智训练的偏向之势。不仅如此，学生的劳动创意也往往迸发于头脑灵感，着眼于认知加工和思维创造的脑力劳动，可能导致劳动与手、脚等四肢官能的相对分离，学生的四肢官能、运动系统等身体层面的劳动诉求被忽视。在一定程度上，劳动教育将由"行动的哲学"转变为"思想的哲学"，其倡导的不是"起而行之"而是"坐而论道"。由此，身体这一劳动实践的关键载体就会被窄化，沦为笛卡尔所言的"理性的附属物"，乃至"被视为破坏性的，在某种意义上是带来麻烦的"，很难与认知平等地参与到智能时代的劳动实践过程中。

【思考】

当人工智能参与到生活中，身体这一劳动实践的关键载体就会被窄化，沦为笛卡尔所言的"理性的附属物"，乃至"被视为破坏性的，在某种意义上是带来麻烦的"，很难与认知平等地参与到智能时代的劳动实践过程中。怎么来解决这些问题呢？

四、丰裕化闲暇时间诱发劳动价值取向博弈

在人工智能时代，不断普及的人工智能技术将以其高度自动化、智能化的生产方式提高劳动生产率，并逐渐取代人进行独力劳动，智能技术在日常生活中的应用也有助于生活劳动、家庭劳动和社会服务劳动效率的提升。但其意义不仅在于社会劳动生产效率的提高，更深远的意义还在于人们用于谋生的必要劳动时间的缩短及闲暇时间的延长。闲暇时间即个体在必要劳动之余自由支配的时间，通常用于各类自由劳动，为实现人全面而自由的发展提供必要前提。"整个人类的发展，就其超出对人的自然存在直接需要的发展来说，无非是对这种自由时间的运用，并且整个人类发展的前提就是把这种自由时间的运用作为必要的基础。"但闲暇时间的增多并不必然带来学生的全面发展，学生对闲暇时间所持的观念态度各有所异，可能引发放松享乐与自由发展的劳动价值取向的博弈，劳动教育作为引导学生正确认识劳闲关系的教育，劳动价值取向的博弈是劳动教育亟待解决的问题。

不同于传统上"劳动是人谋生的第一需要"的价值观念，随着闲暇时间增多，学生在必要劳动之余将拥有更多选择，隐含了自我发展和放松享乐的双重价值向度，体现了学生劳动价值观的差异。对学生而言，一方面，随着打扫卫生、洗衣做饭等日常

生活的必要劳动被人工智能所代替，学生逐渐获得对闲暇时间的掌控权，学生能将之用于创造富有价值和丰富有趣的精神生活，为自身全面而自由地发展提供了多方面的可能性。另一方面，智能技术为学生提供了新的消遣方式。作为智能时代闲暇时间的使用者，当学生不知如何度过闲暇时间时，更可能借助智能手机、电脑等来打发和消遣时间，沉浸于虚拟世界的感官体验，萌生对现实世界的无聊感、空虚感和无意义感。两种截然不同的劳动取向反映了学生对劳动所持的两种基本价值立场。前者意味着学生对劳动之于个人自我发展价值的高度重视，后者则体现了学生对休闲享乐的沉迷，及其对劳动价值的模糊理解与消极认识。闲暇时间的增多与技术的高度应用意味着学生有可能倾向于在必要劳动之余放松享乐，形成忽视劳动、厌恶劳动的劳动价值取向。

【思考】

当整个社会越来越呈现出闲暇化的劳动样态时，学生应当如何处理劳动与闲暇的关系？又如何应对由多重劳动选择引发的劳动价值冲突？

任务2　劳动项目实践——巧用人工智能助力职业技能的提升

人工智能在现代农业中可以识别和管理病虫害，以及优化作物生长和预测产量，从而提高农业经营效率。人工智能机器人和无人机可以检查作物和土壤状况，评估作物健康状况，并就何时浇水、施肥和收割提供指导。这可以帮助农民节省时间，降低成本，并改善种植和收割方面的决策等。

传统领域的岗位能力要求在未来也会与以往不同，机器人将会大面积地替代重复性作业，剩余的岗位工作内容也将会发生大变化，但岗位职责中一定会有"通过创新创造带来良好的客户体验"的新要求。创新有颠覆式创新和维持性创新，新产业、新业态伴随生产技术的进步和新消费需求的到来，有着广阔的市场前景，因此也必然成为新的就业领域。尤其是人工智能的兴起、机器人的应用将创造更多高端的就业机会。自2019年以来，国家已经公布了4批共56个新职业，涉及区块链工程技术人员、新兴产业和现代服务业、高新技术领域从业人员，只是这些新增的就业岗位专业性极强，需要大量的知识和技能储备。

一、任务目的

与机器相比，人类的优势在于创造力、灵活性、评判力、即兴创作，以及社交和领导能力。因此，人工智能带来的"机器换人"不是机器替代人类本身，而是充分发挥机器与人各自的优势，用机器运行时间替代人类的劳动时间，尤其是重复性、机械式、危险性、完成困难的劳动。机器可以让人们从繁重的生产工作中解放出来，大幅增加可支配的闲暇时间，并帮助人们自由发展创造力、想象力和控制力，让人不像机器一样工作。

通过各专业校内外实践教学基地，学生了解人工智能在各行业中的应用，体验高科技的魅力，从而掌握人工智能技术对现在社会的作用和冲击，培养学生创新精神，使学生更好地利用创新思维、创新方法发现和解决生活、学习、工作中的问题。

二、任务要求

（1）在校内外专业实践基地参观或实践过程中，观察并思考替代人工的智能设备分别解决了什么问题，以及相比人，智能工具有什么样的优势和不足。

（2）将专业知识与创新创业实践相结合，思考还有哪些需要人工智能解决的问题，进行专创融合，提出创意想法。

三、任务内容

（1）通过专业相关人工智能技术，做到正确处理人与机器的关系。

（2）为了更好地满足人工智能时代工作的要求，大学生应掌握哪些劳动技能，拓展培养哪些职业素养？

（3）思考并解决以上问题，进行小组讨论，并将讨论结果进行分享。

四、任务实施

劳动项目实践——巧用人工智能助力职业技能的提升			
任务目标	通过参观、体验人工智能在各专业校内外劳动实践基地及行业的应用情况，运用专业知识和科技的力量提升劳动效率，让学生在感受劳动教育的同时，学习人工智能知识与应用场景	存在的问题	解决办法
任务实施	（1）准备：调研、收集资料。 （2）记录：小组讨论并进行总结。 （3）分享：线上平台分享讨论结果		
过程记录			
任务总结			

五、任务评价

专业	
组名	
成员	
任务体会	
小组自评 （50 分）	评语： 分数：
教师评价 （50 分）	评语： 分数：

主题二　创新创业

案例导入

"杂交水稻之父"——袁隆平

袁隆平（见图 3-2），中国工程院院士，被誉为"杂交水稻之父"。

1953 年 8 月，袁隆平毕业于西南农学院（现西南大学）农学系。毕业后，他服从全国统一分配，到湖南省怀化地区的安江农校任教。同年被分配到偏远落后的湘西雪峰山麓安江农校教书。

1964年，袁隆平开始研究杂交水稻，1974年，袁隆平团队育成第一个杂交水稻强优组合"南优2号"；1975年研制成功杂交水稻制种技术，从而为大面积推广杂交水稻奠定了基础；1985年提出杂交水稻育种的战略设想，为杂交水稻的进一步发展指明了方向。

1986年，袁隆平提出了杂交水稻的育种战略，将杂交水稻的育种从选育方法上分为"三系法""两系法"和"一系法"三个战略发展阶段，即育种程序朝着由繁至简而效率越来越高的方向发展；从杂种优势水平的利用上分为品种间、亚种间和远缘杂种优势的利用三个战略发展阶段，即优

图3-2　袁隆平

势利用朝着越来越强的方向发展。根据这一设想，杂交水稻每进入一个新阶段都是一次新突破，都将把水稻产量推向一个更高的水平。这项战略构想的提出，为中国已取得"三系法"杂交水稻研究、开发成功后开展杂交水稻新探索指明了方向。

1987年7月16日，袁隆平学生李必湖、邓华风，在安江农校籼稻三系育种材料中，找到一株光敏不育水稻。历经两年三代异地繁殖和观察，该材料农艺性状整齐一致，不育株率和不育度都达到了100%，并且育性转换明显和同步。这一新成果，为杂交水稻从"三系法"过渡到"两系法"开拓了新局面。同年袁隆平提出"杂交水稻的发展战略"，即"三系法"为主的品种间杂种优势利用；"两系法"为主的籼粳亚种杂种优势利用；"一系法"为主的远缘杂种优势利用。

1987年，国家"863"计划将"两系法"杂交水稻研究立为专题，袁隆平组成了"两系法"杂交水稻研究协作组开展中国性的协作攻关。历经9年的艰苦攻关，1995年"两系法"杂交水稻取得了成功，一般比同熟期的"三系法"杂交稻增产5%~10%，且米质一般都较好，近年的种植面积为6 000亩左右。"两系法"杂交水稻为中国独创，它的成功是作物育种上的重大突破，再次体现了以袁隆平为首的中国杂交水稻科技工作者的聪明智慧，继续使中国的杂交水稻研究水平保持了世界领先水平。

1997年，袁隆平又提出了旨在提高光合作用效率的超高产杂交水稻形态模式和选育技术路线，开始了"中国超级杂交水稻"的研究。这是一道世界级难题，通过攻关研究，2000年已实现了第一期大面积示范亩产700千克的指标，比现有高产杂交稻每亩增产50千克左

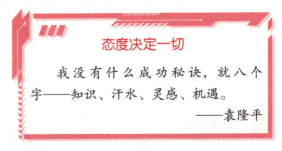

态度决定一切

我没有什么成功秘诀，就八个字——知识、汗水、灵感、机遇。

——袁隆平

右，尤其1999年在云南永胜还创造了亩产高达1 137.5千克的高产新纪录，第一期超级杂交稻的推广面积为3 000万亩。

自2001年以来，袁隆平指导选育成大面积示范亩产800千克、米质优良的第二代超级杂交稻，并于2004年提前一年实现第二期超级稻目标。2013年9月29日，国家

模块三　新时代的劳动与创新创业

杂交水稻工程技术研究中心证实，经农业部测产验收，由"杂交水稻之父"袁隆平院士科研团队攻关的国家第四期超级稻百亩示范片"Y两优900"中稻平均亩产达988.1千克创世界纪录。

2016年11月19日，中国工程院院士袁隆平、中国工程院院士罗锡文、测产验收专家，以及相关技术专家来到兴宁，对"华南双季稻年亩产三千斤绿色高效模式"攻关项目进行测产验收，现场实割测得晚稻平均亩产705.68千克（干谷）。2016年7月20日，在兴宁经过专家组实割测得早稻平均亩产832.1千克，加上本次实割产量，实现双季超级稻年亩产1 537.78千克，创双季稻产量世界纪录。

2018年5月22日，专家对位于三亚水稻国家公园的有机覆膜直播试验示范田进行测产验收，测得亩产1 065.3千克，创下海南省水稻单产历史最高纪录。

2020年11月2日，在湖南省衡阳市衡南县清竹村进行的袁隆平领衔的杂交水稻双季测产达到了亩产1 530.76千克，其中早稻619.06千克、第三代杂交水稻晚稻品种"叁优一号"911.7千克，超过了1 500千克的预期目标。比数字更重要的意义在于：这次测产充分展示了第三代杂交水稻更加契合实际生产的特点，从而有利于进一步保障国家粮食安全。

2020年，袁隆平在《中国纪检监察》2020年第18期上撰文称：2019年我国人均粮食占有量超过470千克，远远高于人均400千克的国际粮食安全的标准线。但是，丰收不是浪费的理由，我们必须时刻绷紧粮食安全这根弦。

（来源：中共中央宣传部宣传舆情研究中心、新华网等）

【思考】

我们从袁隆平爷爷身上学习到了什么？你还知道袁隆平爷爷的哪些事迹呢？

学习目标

知识目标：掌握创新与创业的基本概念。

技能目标：能够设计创业项目。

素养目标：能够在劳动实践中树立创新创业意识。

创新创业是人类社会发展与进步的永恒主题。当今世界正在从传统工业文明向现代信息文明迈进，知识经济初见端倪，而知识经济的核心恰恰在于创新。在知识经济条件下，国际综合国力的竞争越来越多地表现为创新型人才的水平和数量的竞争，创新在竞争力上的优势得以凸显。所以，创业与创新的教育与实践是培养民族创新精神的主要动力，是实现21世纪中华民族全面振兴的关键，也是把我国巨大人口压力转化为丰富的人力资源的根本出路。

新时代劳动教育与实践

一、创新

1. 创新的提出与概念

奥地利经济学家熊彼特在1912年出版的德文版《经济发展理论》一书中，首次提出了"创新理论"一词，之后又在其他著作里加以补充和完善，最终于1942年形成了以创新理论为基础的"创新理论"体系。

"创新"就是"建立一种新的生产函数"。也就是说，把一种从来没有过的关于生产要素和生产条件的"新组合"引入生产。这种函数组合包括以下内容：生产新产品；新的生产方法；开拓新市场；开辟和利用原材料新的供应来源；实现工业新组织。自20世纪60

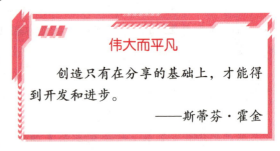

伟大而平凡

创造只有在分享的基础上，才能得到开发和进步。

——斯蒂芬·霍金

年代起，管理学家们开始将创新引入管理领域。现代管理大师彼得·德鲁克在《动荡时代的管理》一书中发展了创新理论，他认为，创新的含义是有系统地抛弃昨天，有系统地寻求创新机会，在市场薄弱的地方寻找机会，在新知识的萌芽期寻找机会，在市场的需求和短缺中寻找机会。创新是赋予资源以新的创造财富能力的行为。任何使现有资源的财富创造潜力、发生改变的行为，都可以称为创新。创新是企业家的特定工具，他们利用创新改变现实，作为开创其他不同企业或服务项目的机遇。

2. 创新的基本观点

（1）创新是在生产过程中发生的。

（2）创新是一种革命性变化。

（3）创新同时意味着毁灭。

（4）创新必须能够创造出新的价值。

3. 创新的意义

（1）随着竞争的加剧，能否创新已成为企业成败的关键。创新是带有氧气的新鲜血液，是企业的生命。创新的种类主要有技术创新与产品创新两种。

（2）针对一个企业而言，技术创新不仅指商业性地应用自主创新的技术，还可以是创新地应用合法取得的、他方开发的新技术或已进入公共领域的技术，从而创造市场优势。

二、创业

1. 创业的提出与概念

理查德·坎蒂是18世纪著名的经济学家和作家，被认为是术语"企业家"的创造者。他用这个词来指在寻求机遇的过程中扮演积极承担风险角色的人。创业是人类社会生活中一项最能体现人的主体性的社会实践活动。

广义的创业，其本质在于把握机会，创造性地整合资源，创新和快速行动。创业行为普遍存在于各种组织和经营活动中，运用创业精神开展工作是取得成绩和进步的前提。从涵盖范围来看，广义的创业概念，是指社会生活各个领域里的人们为开创新的事业所从事的社会实践活动。广义的创业突出强调的是主体在能动性的社会实践中所体现的一种特定的精神、能力和行为方式。

狭义的创业是一个经济学的范畴，是指主体以创造价值和就业机会为目的，通过组建一定的企业组织形式，为社会提供产品服务的经济活动。狭义的创业概念包括两个方面：一方面，创业是人们的一种经济活动，它以创造财富或追求经济效益作为目的的指向；另一方面，创业活动以创办企业为标志，创办企业是创业活动区别于其他经济行为的直接标志和特征。

2. 创业的基本观点

（1）创业在本质上是一种创新活动。

（2）创业是一种高风险的活动。

（3）创业活动是在企业管理过程中实现的。

（4）创业利润的来源：对于创新的回报、对于风险的补偿、对于企业高效管理和运作的回报。

3. 创业的意义

（1）推动经济发展，促进科技创新。

（2）创造就业机会，缓解就业压力。

（3）推动创新教育，培养创新型人才。

三、创新与创业

1. 创新与创业的融合

（1）创业在本质上是人们的一种创新性实践活动。无论是何种性质、类型的创业活动，他们都有一个共同的特征，即创业是主体的一种能动的、开创性的实践活动。

（2）创业是一个从无到有的实践。尽管有人认为，创新不是创造新东西的简单缩写，而有特定的经济学内涵。但通过理论或实践创新推出新的认识成果和物质产品，还是创新实践的标志性内涵。

（3）创新是一种推陈出新的实践活动。对原有的思想理念、制度文化和科学技术进行革新、改造、突破、超越，这是一切创新的特质，而创业正是具有这种特质的实践活动。

（4）创业是主体能动性的实践行为。主体能动性是一切创新活动的内在动因，创业过程中的主体能动性充分体现出它的创新性特征。

2. 创新和创业的关系

（1）创新活动的本质和内涵体现着它与创业活动性质上的一致性和关联性。

（2）创新是创业的基础，创业推动着创新。科学技术、思想观念的创新能引发新的生产、生活方式，进而为整个社会不断提供新的需求，这是创业活动的根本动因，创业活动依赖于科学技术、生产流程和经营理念的创新。

（3）创新是创业的源泉，是创业的本质。创业者在创业过程中需要具有持续旺盛的创新意识，才能产生富有创意的方案或想法，最终成功创业。

（4）创新的价值在于创业。创新的价值就在于将潜在的知识、技术和市场机会转化为现实生产力，实现社会财富的增长，而实现这种转化的根本途径就是创业。

（5）创业推动并深化着创新。创业可以推动新发明、新产品或新服务的不断涌现，创造出新的市场需求，从而进一步推动和深化科技创新。

3. 创新在创业中的重要作用

当经济学家约瑟夫·熊彼特提出创业包括创新和未曾尝试过的技术的时候，创造性毁灭就是用相应的更好的产品、工序、观念和企业，来替代现存的产品、工序、观念和企业的过程。旧的和过时的方法和产品会被更好的替代。通过对旧的方法和产品的毁灭，迎来对新的方法和产品的创造。

延伸阅读

名人创业故事

图 3-3 迈克尔·戴尔

迈克尔·戴尔（Michael Dell）（见图 3-3），1965 年 2 月 23 日出生于美国休斯敦的一个中产家庭。12 岁时小戴尔就在集邮杂志上登广告做邮票生意，由此赚得了 2 000 美元并用这笔钱购买了他自己的第一台个人电脑。这次经历让戴尔认识到越过中间商做买卖的好处。时隔不久，他便按捺不住心中的好奇，拆开了自己的电脑，试图弄清楚它是如何工作的。16 岁上中学时，迈克尔找到一份差事——为《休斯敦邮报》拉订户，他设想新婚夫妇是这个报纸的最佳订户，于是雇佣同学将新领结婚证者的姓名和家庭地址抄录下来。他将这些资料输入电脑，然后向新婚夫妇们寄去一封颇具特色的信，并免费给每对夫妇赠阅两周的《休斯敦邮报》，结果他大获成功，赚取了 1.8 万美元。

1984 年 1 月 2 日，戴尔注册了"PC 有限公司"。一开始，戴尔就在当地报纸上打出广告把印有自己名字（Dell）的成品组装机卖给用户，每月收入达 5 万~8 万美元。1984 年 5 月，戴尔一年级课程考试完毕，"Dell 计算机公司"（以下简称 Dell 公司）成立，注册资金为 1 000 美元。此后公司一路发展，1986 年，戴尔年收入已达 6 000 万美元。到了 1987 年 3 月，年仅 22 岁的戴尔就被美国学院企业家协会评为 1986 年度的

模块三 新时代的劳动与创新创业

"青年企业家",从此在美国商界脱颖而出。几经努力,1988年,戴尔的名字受到华尔街关注,Dell公司在纳斯达克公开上市,融资3 000万美元,市场价值达到8 500万美元。20世纪80年代末,戴尔在加拿大和当时的西德创办了全资子公司。随后,戴尔大胆改革公司结构,提供了一个更有效的全球范围统一的产品资源,使销售和市场配套集中起来。1989年,戴尔收入高达2.5亿美元。随着全球的销售形势越来越好,又分别在法国、瑞士、爱尔兰及其他一些欧洲国家开设了分公司及办事处,并于1991年3月在爱尔兰成立了欧洲制造中心。进入20世纪90年代,Dell的发展如同脱缰野马,收入平均年增97%,净利更是达到166%。

Dell公司的股票在短短几年内一飞冲天,Dell公司从一家名不见经传的小公司不断壮大,现已成为PC界举足轻重的新盟主,它的实力已与康柏、IBM这些业界元老们难分伯仲。这多半要归功于低价直销的经营策略,这种策略正为业界千万厂商竞相炮制。迈克尔·戴尔的成功,其中最突出的、也不同于一般公司的是:Dell公司迅速崛起并不是依靠领先的技术,它依靠的是一种观念、一种商业模式,而且更难能可贵的是,这是一个并不被普遍看好的模式。实际上,Dell公司从诞生之日起,就一直被各种非议和潮流所包围,但是戴尔却不为潮流所动,而是抓住市场新苗头,预测市场变化,引导新的需求,正所谓取人之弃,独得其利。

实行电脑直销并不是什么创举,如同山姆·沃尔顿把沃尔玛超市开到乡村一样并不是什么超凡创意,沃尔顿之所以成为天才在于他知道如何有条不紊地建立市场基础,处处从小事做起,而戴尔的过人之处正在于他知道沃尔顿的原则同样也能在电脑业所向披靡。Dell公司的副总裁康尔特·托福尔说:"在我看来,迈克尔的天赋并没有得到应得的肯定,他对市场的每一丝动向都有敏锐的洞悉,是他创造了Dell公司经营模式的要素。"Dell公司奉行的是一种最朴素和最实际的哲学:组装和销售计算机。戴尔深信最佳的电脑经营模式便是为客户提供"量体裁衣"式的服务。因为只有这样才能让用户使用到切合其需求的产品。通过"直销"这项独特的策略,Dell公司的业务获得了迅速的增长。

2001年5月,Dell公司荣登全球电脑市场占有率第一的宝座,成为世界领先的电脑系统厂商。公司创办人、首席执行官迈克尔·戴尔本人也荣获《首席执行官》杂志评选的"2001年度首席执行官"。

戴尔依然保持着朴素务实的作风,他把心中最重要的部分都留给了对手和顾客。这一点就连英特尔的安迪·格鲁夫和微软的比尔·盖茨都对戴尔大加赞赏。格鲁夫评价戴尔说:"他虽然没有拉里·埃里森那样的影响力,也不具有史蒂夫·乔布斯那种傲慢的气质,但迈克尔具有超凡的胆识,在处理那些别人认为十分棘手的问题时,他总显得那样的从容不迫。"

(来源:新浪网、TechWeb网等)

【思考】

从迈克尔·戴尔创业经历中,我们学习到了什么?

任务1　劳动项目实践——劳动实践项目方案设计

随着社会的发展和科技的进步，越来越多的大学生倾向于在课堂学习之外参与实践项目，以提升自身的综合素质和实践能力。然而，目前市场上针对大学生的实践项目种类繁多，质量参差不齐，学生在选择时面临较大的困扰。因此，我们计划设计一个具有针对性、实效性和创新性的大学生劳动实践项目，以满足学生的需求，同时提高他们的实践能力。

一、任务目的

通过持续地组织和开展劳动实践，提高大学生的实践能力，提升团队协作、沟通和解决问题的能力。增强大学生的职场意识，为其未来的职业发展提供有力的支持。

二、任务要求

劳动实践项目设计旨在提高大学生的实践能力，增强其职场意识，为其未来的职业发展提供有力支持。各小组必须进行严谨的策划、执行和评估，确保项目的质量和效果，同时合理利用经费，使项目具有可持续性。

（1）项目主题：以"走进企业，感知职场"为核心，组织学生在不同的行业和领域进行劳动实践。

（2）项目形式：采用"理论＋实践"的教学模式，邀请企业专家进行授课和指导，结合实际工作场景进行实践操作。

（3）项目特色：注重学生的自主性和创新性，鼓励学生自行组队，自主选择实践项目，充分发挥其创造力。

三、任务内容

1. 项目安排

（1）需求调研：对大学生劳动实践的需求进行调查和分析，确定项目的目标和内容。

（2）资源整合：整合校内外资源，与企业建立合作关系，为学生提供实践机会。

（3）项目策划：制订详细的项目实施计划，明确人员分工和时间节点。

（4）项目执行：按照计划组织学生参与劳动实践，确保项目的顺利进行。

（5）项目评估：对项目的实施效果进行评估，总结经验教训，持续改进项目。

2. 项目时间安排

（1）策划阶段（1～2个月）：进行需求调研、资源整合和项目策划。

模块三 新时代的劳动与创新创业

（2）执行阶段（3~4个月）：按照计划组织学生参与劳动实践，进行项目执行。

（3）评估阶段（5个月）：对项目的实施效果进行评估，总结经验教训，持续改进项目。

3. 项目评估方法

（1）过程评估：在项目执行过程中，对学生的学习态度、团队协作、沟通能力和解决问题的能力进行评估。

（2）结果评估：在项目结束后，对学生的学习成果、团队协作成果和项目完成情况进行评估。

（3）反馈评估：通过问卷调查、访谈等方式收集学生对项目的反馈意见，以持续改进项目。

四、任务实施

劳动项目实践——劳动实践项目方案设计			
任务目标	先通过参观、查阅资料或走访等方式了解实践过程，再分小组制订一个劳动实践项目方案	发现问题	解决问题
任务实施	（1）准备：提前做好分组工作，准备好资料收集工作。 （2）设计：小组成员分工合作完成劳动实践项目方案的设计工作。 （3）分享：最后小组之间相互分享劳动实践项目方案		
过程记录			
任务总结			

107

五、任务评价

专业	
组名	
成员	
任务体会	
小组自评 （50分）	评语： 分数：
教师评价 （50分）	评语： 分数：

六、实践项目案例

劳动实践项目方案设计：以"梦想田园"劳动实践基地为例。

（一）体系架构：劳动实践项目的顶层设计

"梦想田园"劳动实践项目致力于实现三个愿景：一是让学生有零距离接触自然的机会；二是有融通课堂所学知识的机会；三是有进行劳动锻炼体验的机会。通过查找资料、种植实践、田间劳动等活动，学生能够了解蔬菜的种植季节、种植方法，习得育苗、日常管理、采收、营养价值等相关知识和技能；了解和掌握有土栽培和无土栽培的基本知识，并能够从中体验劳动的辛苦和乐趣；培养学生动口、动眼、动手的综合素养。

该项目设置了"认识了解蔬菜""种植实践活动""学习生态种植""学习田间管理"四个模块内容，通过系列化、递进式的内容开发，全面而持续地提升学生的劳动意识和劳动能力。从结构上看，每一个模块内容都由若干子项目组成。其中，"认识了解蔬菜"是最基础的模块，包括"认识当地当季的蔬菜""认识蔬菜的营养价值""认识蔬菜的烹饪方法""介绍自己喜欢的蔬菜"等子项目；"种植实践活动"模块设有"制订种植方案""实施种植计划""记录种植过程""分享种植成果"等子项目；"学习生态种植"是其中最具特色的模块，下设"了解生态种植""学习配置营养液""环保除虫我能行""酵素施肥真神奇"等子项目；"学习田间管理"模块包括"学会蔬菜播种方式""了解耕耘土地技术""宽间距松土、除草""学会蔬菜的不同采摘方式"等子项目。体系化、丰富性、多元化的教育项目设置，为实现育人目标、发展学生能力提供了有力的依托和丰富的载体。

（二）路径建构：劳动实践项目的多维取向

"梦想田园"劳动实践项目力求通过主题统整的方式推进，以促进学生的多元发展。

1. 统整行动：基于跨学科的统整活动

基于学生对"梦想田园"劳动实践项目的浓厚兴趣，将其与不同专业的不同学科统整，采用跨学科活动方式，深化劳动教育，丰富学科教学形式和内容，促进"五育"相融，包括"田园心情日记""田园英语角""田园科学家""田园画家"。

"田园心情日记"是基于文科类学生的习作活动，让学生以写日记的方式观察植物生长、丰富实践体验、进行文字表达、展示分享成果，在快乐的种植劳动中养成观察的习惯、培育丰富的情感，进而逐步提高习作的水平。

"田园英语角"通过与英语学科统整，让学生在真实的"梦想田园"劳动实践基地的语境中学会用英语介绍每一种蔬菜，同时也激发学生学习英语的兴趣。

"田园科学家"则是在农学教师的指导下，让学生经历学科整合的学习，通过"种子的生长发育""蔬菜的成长变化""蔬菜的习性特点""蔬菜的营养价值""蔬菜的科学采摘"等系列主题的学习，感知蔬菜从种到收的全过程。

在"田园画家"活动中，教师在"梦想田园"劳动实践基地中选取适当的视角指导学生进行表现，艺术类学生们用画笔生动地记录着蔬菜开花、拔节、结果的过程，既锻炼了构图、绘画能力，也培养了热爱校园的情感。

2. 季节行动：基于主题式的季节活动

围绕"梦想田园"劳动实践项目，每一个季节都有种植主题，按照主题开展劳动实践活动，突出表现季节所蕴含的成长力量，使学生习得栽培的技能，体验种植的乐趣，并在探究中培育创新精神。

在"春季田园"主题式活动中，学生围绕播种，通过亲历挑选种子、催芽醒种、

新时代劳动教育与实践

深翻土壤、合理播种、肥水管理等活动，感受春季是万物复苏、蔬菜萌芽生长最佳时节的季节特点。

在"夏季田园"主题式活动中，根据夏季是瓜果蔬菜遭受病虫害最多的季节特点，引导学生认识瓜果蔬菜生长期间常见的病虫害及其防治方法，进而培养学生的实践探究能力。

"秋季田园"主题式活动的关键词是科学采摘、收获硕果。学生在教师的指导下围绕采收标准、采收时机、采收方法等主题开展小课题研究，从中体会劳动的艰辛，品尝果实的甜美。

在"冬季田园"主题式活动中，教师引导学生对蔬菜采取防寒防冻的措施，通过保温管理、培育壮苗、通风排湿、预防沤根等方式，让学生明白要因时而变、因地制宜、科学合理地采取有效的管养防护措施。

3. 实践行动：基于研究性的实践活动

在劳动实践过程中，学生们发现了一些蔬菜种植的难点和热点问题，那么如何有效解决呢？可以引导学生，确立研究主题，开展研究性实践活动，将劳动教育向创造性方向推进。如此，可有效促进学生在研究性学习活动中发展探究问题和解决问题的能力，形成尊重科学的意识和努力钻研的态度，树立合作分享的观念，获取有积极意义的价值体认。下面以"环保除虫""酵素施肥"为例来谈一谈研究性活动的推进。

（1）学生在劳动实践中发现了一些虫害，众所周知，传统的施农药除虫，虽能有效控制虫害，但可能对人体与环境造成危害，大家讨论能否不使用农药，科学环保地除虫。"环保除虫"这个从生活中来的研究主题就形成了。教师引导学生查找科学除虫的方法，在此基础上选取生活中常见的材料，如精油、紫花油、青草膏等，反复试验，调制配方，研磨材料、配置药水，最终用亲手研制的"环保除虫"药水成功消灭害虫。通过调查，学生发现只有少数农民使用"环保除虫"方法，"环保除虫"理念还没有被普遍接受。学生还发现"环保除虫"的方法大多是在植物已经被害虫侵蚀后才使用，只是一种补救办法，那么能不能在虫害产生之前就有效杜绝呢？他们经过研究，提出了可行性建议：增强"环保除虫"宣传力度，用分发资料、宣讲介绍、实地参观等方式，向农户宣传"环保除虫"的经验与做法，展示"环保除虫"的方法与成果，让更多人认可"环保除虫"的理念，并运用到实际生活中。比如，在农作物周边种植防虫的蔬菜；搭建防虫网，阻断害虫侵害的途径；尝试改变土壤的性质，对土壤进行"消毒"；等等。

（2）学生在种植过程中了解到酵素对蔬菜生长有一定的促进作用，但是，酵素是一种新型生物活性物质，在专家支持下，师生们积极开展酵素实验，制作酵素，把调配好的酵素溶液稀释后浇在菜苗上。通过实验对比，学生发现：施酵素溶液的蔬菜比施化肥的蔬菜长势更好、虫害更少，酵素是一种非常环保的生物肥料。

（三）评价取向：劳动实践项目的多元态势

为了给学生提供展示劳动成果与技能的机会，可以定期开展"争旗进阶活动"。学生可以自主选择以下三个方面的争旗活动，也可自定内容请教师评价。

模块三　新时代的劳动与创新创业

1. 关注个体，进阶争旗，促进学生发展

（1）"种植我知道"旗。通过组织学生到"梦想田园"劳动实践基地亲历种植活动，让学生了解实践基地种植的蔬菜名称、蔬菜的种植方式、蔬菜的种植季节、蔬菜的种植步骤，并逐渐掌握种植知识，达到拓展学习空间的目的。

（2）"种植我会说"旗。口头表达能力是核心素养的一个重要体现，引导学生介绍自己喜欢的蔬菜，流利地说出蔬菜的烹饪方法，说出本地主要种植的蔬菜及其种植方法，说出自己在种植蔬菜过程中的小故事，感受劳动的价值和收获的快乐。

（3）"种植我能行"旗。种植教育不仅能提高学生的探究能力，还能提升学生的劳动意识和劳动能力。通过争"种植我能行"旗让学生乐于参加种植活动、田间管理，做观察笔记，与同伴分享、交流种植感悟，进而提升他们的社会责任感。

2. 关注全体，多元评价，提高评价效度

教师对学生的评价应注重参与情况，注重学生在参与中体验、在体验中内化。教师要求学生做好写实记录，收集"梦想田园"劳动实践的过程性材料，如种植过程中的照片、作品、研究报告，为评价提供必要基础。通过评价表、成果反馈表对学生的活动情况进行评价。每项评价都分不同的难度，学生可根据自己的掌握情况自选评价内容进行自我评价，小组间可进行经验分享和合作交流，最后教师结合相应的考核和实践观察给予学生综合评价。

"梦想田园"种植实践项目能够提升学生的综合素养，使教师在学习和优化专业的过程中迅速成长。劳动实践教育也影响着学校教育。从知识育人到实践育人、从书本育人到生活育人、从课堂育人到开放育人，使得学校充满了生命的力量、成长的气息、创新的活力。

任务2　劳动项目实践——创业项目设计、运营与优化

> 咱们不能人云亦云，这不是科学精神，科学精神最重要的就是创新。
> ——钱学森

进入新时代，在高校人才培养过程中，必须把劳动教育和创业教育有机地结合起来。创新创业教育是高层次的劳动教育，两者之间存在着互补关系。劳动教育能为学生的创新创业提供精神营养，培养其勤奋、敬业的优良品格，引导学生树立正确的创业价值观。从新的历史方位出发，深刻发掘新时代劳动教育的新价值，探寻劳创融合的新途径，对于培养高素质劳动者具有重要的现实意义。劳动教育和创新创业教育都是以问题为中心，前者注重人在特定的社会环境中所面临的实际问题，而后者注重学生创造力的培育，通过创新创业，来促进大学生就业、化解社会矛盾、促进社会发展，只有将两者有机地结合起来，才能真正实现培养高质量的创新创业型人才的目标。

一、任务目的

大学生在进行劳动教育和劳动实践过程中，积极发掘劳动实践中的创新创业机会。并进行创业项目设计。

二、任务要求

（1）通过参考创业项目设计和运营内容案例和创新创业课程，以及查阅相关资料了解创业项目设计过程和具体内容。
（2）小组成员合作完成设计内容。
（3）以劳动实践项目为内容素材准备资料，并参加创新创业相关比赛。

三、任务内容

（1）分小组设计创业项目。
（2）设计内容包括项目概述、战略分析、团队成员、市场分析及定位、产品、商业模式、营销策略等。
（3）小组进行项目路演。

四、任务实施

劳动项目实践——创业项目设计、运营与优化			
任务目标	选择一个和劳动相关的创业项目，进行项目设计、运营和优化	发现问题	解决问题
任务实施	（1）创业项目策划书：小组成员合作完成。 （2）项目路演：各组对项目进行汇报，其他小组成员协助完成		
过程记录			
任务总结			

五、任务评价

专业	
组名	
成员	
任务体会	
小组自评 （50 分）	评语： 分数：
教师评价 （50 分）	评语： 分数：

六、项目参考案例

创业项目设计、运营与优化：以"子女远程健康监控服务"为例。

（一）项目概述

1. 项目名称

子女远程健康监控服务。

2. 项目背景

据统计，中国老龄化的高峰将出现在2055年左右，届时老年人口将接近4.5亿。目前，全国约有4 700万老人处于丧偶状态，其中女性约占70%，所以未来将有更多的老年人处于独居状态。子女由于各种原因不在老人身边，导致独居老人无人照顾，突发状况无人知晓等问题日益严峻。

3. 项目内容

全新的移动医疗App——贴心管家，与智能监测手表完美结合，使子女可以随时监测父母的脉搏和血压变化，当老人出现异常突发情况时，贴心管家会在第一时间通知子女和社区医院。通过贴心管家，子女除了可以随时了解父母的身体情况，还可以为父母选择各类孝心服务，父母足不出户即可享受到家居清洁、新鲜果蔬送货上门、预约挂号等各项优质贴心的服务项目，让老人感受到身在远方的子女的爱。

贴心管家传递了子女的关爱，温暖了老人孤单的生活，让老人独居的生活不再单调，让老人每一天的健康都有保障。公司以服务社会、缓解人口老龄化问题为宗旨，在市场上已有的各项智能产品的基础上，开发了贴心管家软件，与可以生产与之对接的手表的厂家合作，推出一款全新产品——健康监测手表＋贴心管家。

（二）战略分析

1. 公司概述

本公司是互联网新时代创业浪潮下的软件开发公司，公司将医疗融入互联网，致力于打造移动医疗新时代。以服务社会、缓解人口老龄化的问题为目的，为广大儿女提供一个远程健康监控平台，让子女的孝心付诸实践，让远离子女的老年人的晚年生活得到保障。

2. 公司使命

远程操控，高效精准，健康舒适，儿女安心。

3. 公司宗旨

科技创新，以人为本，关爱健康，服务社会。

4. 总体战略

(1) 抢占先机，引领移动医疗新时代。
(2) 特色服务，使品牌形象深入人心。
(3) 整合资源，有针对性地向主要消费对象宣传推广。
(4) 线上线下联合推广，寻找实体店经营合作。
(5) 挚诚服务，建立品牌形象。

（三）团队介绍

团队成员及职责如表3-1所示。

表3-1 团队成员及职责

部门/岗位	负责人	职责
总经理/行政部	×××	负责公司的日常经营事务，对股东会负责，决定部门经理的人选，协调各部门之间的关系
销售部	×××	拓宽市场认知度，使品牌深入人心。负责公司总体的营销活动，决定公司的营销策略和措施，并对营销工作进行评估和监控，包括市场研究、广告、公共关系、销售计划、用户服务等，配合手表厂商销售
项目部	×××	负责生产、技术开发、生产计划、市场调研，处理与软件有关的技术问题。领导研究所进行软件新功能的研究与开发，拓宽市场认知度，使品牌形象深入人心
财务部	×××	负责公司资金的筹集、使用和分配，如财务计划和分析、预算、投资决策、资本结构的确定、股利分配等；负责日常会计工作与税收管理，每个财政年度末向总经理汇报本年的财务情况并规划下一年的财务工作

（四）市场分析及定位

1. 互联网市场现状

目前，据有效数据统计，移动互联网产品日渐丰富，市场竞争日趋激烈，高端人才奇缺，科技创新能力对公司整体竞争力起到决定性作用。在"互联网+"的创业浪潮中，科技创新人才如雨后春笋层出不穷，给互联网市场带来了新的活力。

2. 市场分析

近年来，智能手环、手表已经越来越被大众所熟悉，它们带来的新鲜感和娱乐性也被大多数人所接受，但消费群体主要面向年轻人，用以运动、监测睡眠质量为主。与公司生产的App——贴心管家相合作的公司，其生产的智能手表主要面向人群为老年人，尤其是子女由于工作等原因常年不能陪在身边的老年人。据统计，中国每年由于突发各种疾病抢救不及时死亡的老年人不在少数，他们的子女，甚至在其死亡时才会知道，所以针对这一现状，公司开发了这一款可以和父母手表相对接的贴心管家，可以帮助子女解决无法在身边照顾父母的现状，子女以一个普通手表的价格就可以买到安心。公司旨在不断完善与智能手表相配套的App——贴心管家，并不断进行维护与拓展，随着市场调研的深入，公司对智能手表+贴心管家未来发展前景做了如图3-4所示的预估。

3. 竞争分析

没有竞争就没有市场，目前，市场上已经有许多智能手环、手表相继问世，如三

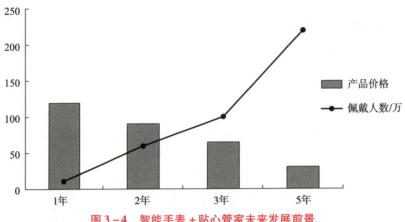

图 3-4　智能手表+贴心管家未来发展前景

星的智能运动手表、华为的睡眠运动检测手表,以及苹果的 iWatch 等,大多都是以运动、监测睡眠质量为主。与之相比较,公司另辟蹊径,开发出可与智能手表相对接的 App——贴心管家,且佩戴手表的主要人群为老年人,这一应用领域还是一个未经开拓的市场,这也是我们团队设计的优势。

(五) 产品介绍

1. 产品针对人群

公司开发的 App——贴心管家,与智能手表结合,面向老年人群,尤其是子女常年不能陪在父母身边,担心老人的身体健康而又无能为力的。

公司主要的客户群是独居老人的子女,目前,我国老龄化人口正以每年 3.28% 的速度增长,约为总人口增长率的 5 倍,2030 年我国老龄人口将接近 4 亿。独居老人的数量也会相应地增多,所以这是一个庞大的市场。子女可通过线上淘宝、京东和线下实体店等方式购买智能手表+贴心管家,并通过扫描手表上的二维码下载贴心管家 App。

2. 产品性能

将贴心管家与可监测老人血压与脉搏的手表相结合,子女通过贴心管家接收老人血压与脉搏的变化,可第一时间知晓老人的健康状况。贴心管家有很多的贴心功能。具体软件功能如下(顾客在贴心管家所提供的一些功能中可查阅到各商家的历史简介、服务理念、收费情况等,同时也可看到其在消费者口碑中的好评率,子女可通过权衡比较为老人购买放心商品)。

(1) 危险预警:当老人血压或脉搏出现异常状况时,智能手表将数据传至贴心管家,贴心管家随之发出报警信号,子女可第一时间联系老人,如有意外迅速联系医院。

(2) 找陪护:贴心管家中覆盖全国各陪护中心电话号码,子女可根据老人所在地搜索其周围的可信赖的陪护中心上门为老人服务,子女也可定期为行动不便的老人预约陪护,换一种方式照顾老人。

(3) 团体检:公司计划与各体检中心或医院取得合作,子女可通过贴心管家定期为父母预约体检，关心父母的健康状况，并可实现在线支付。

（4）免挂号：贴心管家可提供全国各个医院的预约挂号服务，当子女认为父母需要去医院检查时可为他们预约挂号，解决父母腿脚不便还要排队挂号看病的困难。

（5）上门问诊：贴心管家中覆盖全国省市社区医院的准确电话号码，当贴心管家接收到的信息指标异常时，若子女不在身边，便可打电话联系社区医院请求上门为父母检查，若情况严重可直接送往医院。

（6）送药上门：贴心管家中覆盖全国各省市正规药店的电话号码，子女可为父母在附近的药店买药，并可和药店沟通上门送货。

（7）新鲜果蔬：贴心管家中覆盖全国各省市社区附近大型水果、蔬菜店的服务信息，子女可与之协定定期为父母购买果蔬，并可实现网上支付及送货上门。

（8）速递超市：贴心管家中覆盖全国各省市社区超市的联系方式，子女可为行动不便的父母购买日常生活所需品，并要求送货上门。

（9）常见病预防小常识：贴心管家中包含许多疾病预防小常识，主要是老年人常见疾病，每日都有更新，子女可通过贴心管家了解预防措施及注意事项，督促老人。

（10）服务反馈：用户可将对贴心管家＋智能手表的使用意见和建议写到这里，公司将对用户的反馈认真处理，逐步丰富和完善软件功能。

（六）商业模式

1. 价值定位

贴心管家的主要功能就是监测父母的血压和脉搏，从而做到有备无患，子女可通过贴心管家知晓父母的血压和脉搏情况，掌握父母的身体及生命健康，出现问题第一时间进行救治。贴心管家主要面向普通百姓，让每一位在外工作的子女都有能力购买和使用贴心管家＋智能手表，公司本着低价、优质、高效的服务理念，服务社会。

随着生活节奏的加快，顾客寻找方便完整的解决方案的需求变得更加强烈。例如，当当网的出现，打破了人们购书上书店的传统习惯。顾客在家上网购书不但可以享受打折优惠，还可以送书上门。当当网的网上卖场，尽管没有现场选购方便，但解决了相当一部分顾客出门购书耗时的问题，为顾客带来了轻松、便捷的消费体验。贴心管家，突破了地域对孝顺父母的限制，无论距离远近子女都可以随时了解父母的身体状况，出现问题第一时间知晓，进行紧急处理；除此之外，贴心管家还可随时随地为父母生活增添温暖，为父母安排定期体检，为父母提供新鲜果蔬及时送货上门等贴心服务。

2. 目标市场

以一个中等消费水平的城市作为试点，成功后复制模式，中心城市和中小城市可逐步突破并推广。

贴心管家＋智能手表的主要针对人群为在外工作子女及其年迈父母，也可以是年幼留守在家的儿女和他们的父母。

3. 收入模式

基本收入模式：和负责生产智能手表的公司达成协议，持有他们10%的股份。每年获取一定的贴心管家软件红利费用并随销售情况做出调整。

营业外收入模式：适当收取与我公司软件合作的药店、水果店、超市等商家的广告费用，以及后续在贴心管家上刊登广告的商家的费用。不断收集老年人用户血压和脉搏数据，后期进行大数据分析与开发。

4. 销售与营销模式

在社区和人流量较大的公共场所进行宣传推广，通过发布广告和展台等模式进行大规模的宣传，使贴心管家＋智能手表的优势深入人心，逐步树立品牌形象。可先在某些固定城市推出100个免费体验贴心管家＋智能手表的名额以获得好评利于推广和销售，对于优先购买的消费者给予一定的奖励和优惠，带动消费者的购买热潮，同时线上和线下配合销售。

5. 市场大小、增长情况及份额

60岁以上人口逐年增加预测图如图3－5所示。

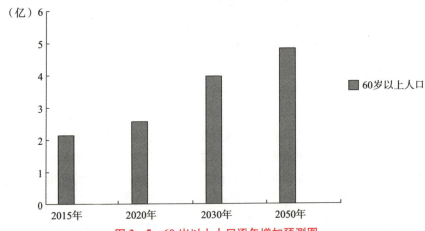

图3－5　60岁以上人口逐年增加预测图

据有效数据统计，2015年我国60岁以上人口约有2.25亿，至2030年60岁以上人口将达到约4亿，到2050年，甚至将增长至4.23亿左右，由此可见单身老人的数量也不可忽视，所以这将是一个极其广阔的市场。

（七）营销策略

1. 产品策略

用智能产品可靠的性能吸引在外工作子女为独居在家的老人购买产品，以城乡带动城市的购买热潮，以广阔的应用空间与前景吸引大批的消费者。贴心管家不仅能与智能手表结合，同时还降低了如今还未在人群中广泛推广使用的智能手表的价格，突破传统智能手表、手环的功能，实现了与智能手机相连接的远程操控优势，可让身在千里之外的子女随时随地为老人的健康与生活贡献一份孝心。贴心管家App提供免费下载，终身服务，同时对顾客的反馈意见及时处理并选择性地采纳，软件完全无恶意收费乱扣费现象，无不良广告。

2. 价格策略

公司以高品质、低价格、高潜在利润空间为原则，打破了传统智能手环、手表的高价垄断，制订了符合各种经济收入层次子女购买力的售卖价格，让贴心管家+智能手表不是奢侈品，而是融入我们生活的好帮手。软件内的各种服务功能所提供的商家的信息均是公司经过精心选择的、符合大众消费水平的。

3. 渠道策略

（1）实体店销售贴心管家+智能手表。

对进店购买的顾客进行贴心管家+智能手表一对一耐心讲解，保证顾客全方位地了解公司的品牌。同时还有完善的售后服务平台，让顾客放心、安心的同时，贴心管家内无任何恶意扣费及索费项目，保证优质便捷。

（2）网上购买模式。

顾客可在淘宝、天猫、京东等网上销售平台购买贴心管家+智能手表，包装内会有简单易懂的使用说明，方便顾客的使用，智能手表上有贴心管家的二维码，扫一扫即可下载贴心管家 App。

（3）软件地面推广模式。

在人流量大的商场或者学校人工宣传贴心管家+智能手表的实用性，以及给使用者带来的便捷、舒心的服务。前期可投入大量的广告进行宣传，让大众了解贴心管家+智能手表的服务理念，以及为圆广大不能在父母身边尽孝心的子女"报恩梦"的决心和勇气。

4. 人员策略

（1）团队的基本理念：精诚专业、不断完善、为人民服务。

（2）业务团队实行垂直联系，保持高效沟通，对问题快速做出反应。

（3）内部人员的报告制度和销售奖励制度。

（4）以专业服务的精神来销售贴心管家+智能手表。价值=价格+技术支持+服务+品牌。

（八）财务分析

1. 资金来源

资金来源见表 3-2。

表 3-2 资金来源

来源	金额
金融机构的信贷支持	5 万元
学校资助	1 万元
团队创业贷款	20 万元
智能手表公司前期资助	10 万元

公司预计前期来源资金共计36万元人民币，投入广告费用、前期宣传费用、员工费用等一些必要开支后所剩余资金的大部分用于软件的完善与开发。在初期市场前景不可预期的情况下，先按销售量提成，即每销售一款贴心管家+智能手表提成10元，待销售市场稳定后可控智能手表厂家10%的股份，按智能手表+贴心管家的销售量进行分红。

2. 公司损益表

公司对贴心管家+智能手表的收益情况制作出了如表3-3的预估。

表3-3 贴心管家+智能手表的预期损益

项目	上期金额/元	本期金额/元
损益表（预计6个月）		
编制单位：		
一、主营业务收入	594 000.00	
减：营业成本	500 000.00	
营业税金及附加	6 204.00	
管理费用合计	84 050.00	
广告费用	5 000.00	
软件维护费用	5 000.00	
水电费用	18 250.00	
场地费用	8 000.00	
招待费用	10 800.00	
财务费用	1 000.00	
工资及附加费用	36 000.00	
二、营业利润	3 746.00	
加：营业外收入	100 000.00	
减：营业外支出	0	
三、利润总额	103 746.00	
减：所得税费用	0	
四、净利润	103 746.00	

（注：创业初期为了开拓市场，提高知名度，每个城市推出100个免费体验贴心管家+智能手表的名额，会对初期的盈利产生影响）

（九）管理体系

1. 公司性质

有限责任公司。

2. 部门职责

董事会：由公司的大股东组成，属于决策层，负责制定公司的总体发展战略，决定总经理的人选。

行政部：负责公司的日常经营事务，对董事会负责，决定副总经理和部门经理的人选，协调各部门之间的关系。

销售部：拓宽市场认知度，使品牌深入人心。负责公司总体的营销活动，决定公司的销售策略和措施，并对营销工作进行评估和监控，包括市场研究、广告、公共关系、销售计划、用户服务等，配合手表厂商销售。

项目部：负责生产、技术开发、生产计划、市场调研，处理与软件有关的技术问题。领导研究所进行软件新功能的研究与开发，拓宽市场认知度，使品牌形象深入人心。

财务部：负责公司资金的筹集、使用和分配，如财务计划和分析、预算、投资决策、资本结构的确定、股利分配等；负责日常会计工作与税收管理，每个财政年度末向总经理汇报本年的财务情况并规划下一年的财务工作。

3. 奖惩机制

实行效益工资，从而激励同一级别的员工努力工作，以得到高档次的工资。有些企业在物质激励中为了避免矛盾，实行"不偏不倚"的原则，极大地抹杀了员工的积极性，因为企业平均主义的分配方法非常不利于培养员工的工作积极性，平均等于无激励。

员工的薪金水平要高于或大致相当于同行业的平均水平，没有竞争力的薪金是很难留住人才的。

制订改革创新奖政策，对提出合理化建议和技术革新者提供相应的奖励，从而激励员工的工作积极性和创造性，也有利于企业在管理和生产上的改进和发展。

采取员工持股形式，使员工的个人利益与企业的兴衰联系在一起，从而激励员工发挥创造性和主动性，提高劳动生产率，增加企业利润，真正实现个人与企业的共同发展。随着公司的逐步壮大，公司奖惩机制逐步完善，包括五险一金、出国学习、住房补贴等，对踏实肯干的员工实行明确的晋升机制，确保每一位员工都能得到公平竞争的机会和展示自己的平台。年末给予对本公司软件——贴心管家有重大贡献的员工年终奖。

培训激励，公司对员工不能"只使用，不培训"和"只管理，不开发"。没有以企业为主导的培训与开发，将使员工的知识迅速老化，智力储备很快枯竭。当员工从优秀走向平庸的同时，企业也就丧失了发展的后劲，最终无法摆脱被市场淘汰的命运。因此，公司应重视对员工的培训，充分了解员工的个人需求和职业发展意愿，为其提供适合其发展的上升道路，使员工的个人发展与企业的可持续发展得到最佳组合，使员工有动力为企业尽心尽力地贡献自己的力量，与组织形成长期合作、荣辱与共的伙伴关系。

（十）风险分析

1. 软件开发行业风险分析

信息产业的发展是目前发展最快的行业之一，也是对社会影响最大的一个行业，它不但为我们创造了巨大的财富，而且从各个方面改变着我们的生活，大到一个行业，小到一项服务。软件是21世纪最不可思议的产品。

伴随着软件开发技术的不断更新、软件数量的增多、软件复杂程度的不断加大，用户对产品的要求也在不断地提高，随之而来的是软件开发项目给软件开发企业和需求企业带来的巨大风险。软件开发项目的成功与否会直接影响到公司的生存。这对软件开发企业来讲应该是一个更大的难题。

一方面是业务需求更加复杂；人们对软件质量和用途的期望大幅度提高，对业务系统的要求也越来越挑剔。另一方面是开发成本不断缩减。在此形势下，风险管理与控制已成为软件开发项目成败的关键。

软件开发项目由于其具有连续性、复杂性、少参照性、无标准规范等特点，其风险程度较高。目前国内的大多数软件开发企业还缺乏对软件开发项目的风险认识，缺少进行系统、有效的度量和评价的手段。调查数据显示，有15%～35%的软件项目中途被取消，剩下的项目不是超期就是超出预算或是无法达到预期目标。另外，软件项目因风险控制和管理原因失败的约占90%，可见，软件风险控制与管理在目前的软件开发项目中的重要性。

2. 软件开发项目的风险来源及对项目成败的影响

软件开发项目风险是指在软件生命周期中所遇到的所有的预算、进度和控制等各方面的问题，以及由这些问题而产生的对软件项目的影响。软件项目风险涉及许多方面，如缺乏用户的参与，缺少高级管理层的支持，含糊的要求，没有计划和管理等。

（1）产品规模风险

项目的风险是与产品的规模成正比的。与软件规模相关的常见风险因素有以下五点。

①估算产品规模的方法（包括代码行，文件数，功能点等）。

②产品规模估算的信任度。

③产品规模与以前产品规模平均值的偏差。

④产品的用户数。

⑤产品的需求变更多少。一般情况下，产品规模越大，以上的问题就越突出，尤其是估算产品规模的方法，复用软件的多少，需求变化等。

（2）需求风险

很多项目在确定需求时都面临一些不确定性。若在项目早期忽视了这些不确定性，并且在项目进展过程当中也未解决，这些问题就会对项目的成功造成很大威胁。如果不控制与需求相关的风险因素，那么就很有可能生产出伪需求的产品或者需求过期的产品。每一种情况对产品来讲都可能是致命的打击。

（3）相关性风险

很多风险都是由项目的外部环境或相关的因素导致的。应对策略应该包括可能性计划，以便从其他资源中取得帮助。

(4) 技术风险

软件技术的飞速发展和经验丰富员工的缺乏,意味着项目团队可能会因为技术的原因影响项目的成功。在早期,识别风险从而采取合适的预防措施是解决风险领域问题的关键,如培训、聘请顾问,以及为项目团队招聘合适的人才等。

(5) 安全风险

软件产品本身是属于创造性的产品,产品本身的核心技术保密非常重要。但一直以来,我们在软件这方面的安全意识比较淡薄,对软件产品的开发主要注重技术本身,而忽略了专利的保护。软件行业的技术人员流动是很普遍的现象,随着技术人员的流失、变更,很可能会导致产品和新技术的泄密,致使软件产品被其他公司窃取,导致项目失败。而且在软件方面,关于知识产权的认定目前还没有一个明确的行业规范,这也是我们软件项目潜在的风险。

模块四

具有必要的劳动能力

> 一分耕耘，一分收获，要收获得好，必须耕耘得好。
>
> ——徐特立

随着社会的快速发展和知识的不断更新，大学生需要具备持续学习、主动学习、自我学习的能力，能够利用各种渠道获取和整合信息，不断提升专业技能。新时代对大学生提出了创新要求，大学生应该具备较强的创新思维和实践能力，能够在工作中提出新的创意和解决问题的方法，提升创新与发展的创新能力。在职场中，团队合作是非常重要的，大学生需要具备良好的沟通能力，能够有效地与团队成员进行合作、协调和分享，共同完成任务并达到团队的目标提升团队合作能力。大学生需要具备独立思考和解决问题的能力。大学生需要具备较好的心理素质，包括抗压能力、适应能力和应变能力，在面临工作压力、人际关系问题等挑战时，需要保持积极的心态和良好的情绪管理能力。大学生应具备良好的道德品质和职业操守，他们应该遵守法律法规，坚守职业道德，具备诚信、责任、正直等价值观念，为建设和谐、有价值的社会贡献力量。

以上列举的只是一些关键劳动能力，随着时代的变化和工作环境的不同，对劳动能力的要求也会有所调整和变化。因此，大学生还应保持交流、适应等专业素养，具有扎实的专业知识和技能，能够在自己的领域内作出优秀的成绩，不断提升自己的劳动能力，以适应社会发展的需要。

模块四　具有必要的劳动能力

主题一　能劳动——熟练使用常见劳动工具

案例导入

大生产运动

自力更生、艰苦奋斗是中国共产党优秀传统和作风的重要组成部分。延安时期，毛泽东等中央领导人都是自力更生、艰苦奋斗的典范。1939 年，大生产运动在陕甘宁边区展开。当时，边区政府成立了生产委员会，采取有效措施，鼓励生产。在大生产运动中，延安的数万名党政军学各方面人员，都投入到大生产的热潮当中。一时间，延安的沟沟岔岔都是锄头的碰击声、人畜的嘈杂声，每个机关、每个部队、每个学校都有自己的生产计划、生产任务。"到生产战线上去""我们要做劳动的先锋""我们要做劳动的英雄"成为当时大家的誓言。

党的领袖毛泽东，不仅是大生产运动的倡导者，也是实践者。大生产运动一开始，毛泽东就向大家发出了"一面工作，一面学习，一面生产"的号召。他在杨家岭自己住的窑洞门前的山坡下选了一块空地，自己动手开荒种地。自长征以来，毛泽东总是在夜间办公，一直到次日凌晨。因此，一大早，延安城和周围的窑洞还在沉睡中，劳累了一夜的毛泽东在未睡觉之前，就扛着镢头（见图 4-1）出来开荒了。干一会儿后，他才回窑洞休息。办公一阵，又出去挖地。

手握锄头，毛泽东有一种说不出的亲切感。身为农家子弟的毛泽东，6 岁时就开始学着干轻微的体力活；13 岁时，因家里缺少劳动力，父亲让他停了学，帮家里干活儿。他翻田、锄草，什么活儿都干。他锄草特别认真，别人的田只锄两遍，他的田却总要锄上三遍，有时根本不管遍数，见了草就锄。所以，他种的庄稼总是比人家的好。

毛泽东这位种地能手现在又派上了用场。挖了不多久，他根据小时候种田的经验，认为有一亩地，挖得差不多了。叫人来一量，果然一亩地。

地挖好了，毛泽东和警卫员们在地里垒起了个小水坝，用来引水浇地。几天后，毛泽东的地里就种上了土豆，栽上了茄子、豆角、黄瓜、西红柿，以及他最爱吃的辣椒。在毛泽东同志的言传身教下，中央机关所在的杨家岭掀起了开荒种地的热潮，大小不一的窑洞外都是整齐的、绿油油的菜地。

周恩来、任弼时等中央领导人，在繁忙的工作间隙，也坚持积极纺线。周恩来同志在抗战中右手负伤，活动不便，但他仍坚持摇纺车（见图 4-2），钻研纺线技术，提高纺织效率。他还和任弼时等共同运用物理学的原理等，改进纺织设备，取得明显成效。1943 年，在中央直属机关和中央警卫团举行的纺线比赛里，大家按照每名参赛者纺线的数量和质量，分别评出"英雄""突击手"和"能手"。周恩来和任弼时同志不仅被评为"纺线英雄"，而且他们纺的头等细线还被送交边区政府，在边区农工业生产成绩展览会上展出。

图4-1 农耕工具

图4-2 纺车

（来源：人民网）

【思考】

从领袖到老百姓都能够投入到劳动中，你有何感想？

社会劳动多种多样。人类的衣、食、住、行都需要由劳动者提供相关的产品和服务，这些产品或服务都是劳动的成果，比如与吃饭和穿衣相关的日常劳动，建筑工人和管道工人的职业性劳动，教师与医生的专业性劳动。每个人既需要在社会中从事职业性劳动或专业性劳动，也需要在生活中从事日常劳动。

劳动能力是指从事劳动所必需的体力和脑力等基本生理和心理条件与知识。广义的劳动能力，既包括生产、生活和服务中的一般性知识、技能和素养，也包括职业领域和专业领域中与具体工作相关的特殊知识、技能和素养。

劳动能力需要在认识和使用劳动工具、熟悉劳动过程中形成。与记忆数学公式、物理公式和化学反应方程式这类学科学习的能力不同，劳动能力不仅强调知识记忆，更强调按照预期劳动要求高效地完成任务，得到满意的产品或服务。比如，数学中用长、宽、高三者乘积来计算体积的公式，只有结合建筑形状与材料特征才能应用于建筑工地。一线建筑工人的劳动能力，就是将这些公式和建筑形状、材料联系起来思考和行动的能力。

即使学习了很多关于食盐的化学分子式知识，也难以掌握一道道特色菜的食盐用量；即使非常熟悉物理学杠杆原理，也无法熟练使用开垦土地的锄头。劳动能力在具体劳动中才能形成。比如在生活劳动中，需要恰当地使用清洁工具，了解高压锅和电饭锅等厨房用具，包括熟悉它们的操作过程、操作规范和注意事项等，只有具备了这些具有情景性内容的能力才能称为劳动能力。

学习目标

知识目标：掌握劳动需要的知识和技能。

技能目标：能够主动地投入到劳动中去；能够熟练使用常见的劳动工具。

素养目标：培养主动劳动的优良品质，并在生活劳动中践行。

模块四 具有必要的劳动能力

任务1 劳动技能竞赛——农业生产劳动工具使用大比拼

土地,是生存之本,发展之源,它是人们赖以生存的最根本的物质基础,滋养着万物,犹如我们共同的衣食父母。人类在土地上放牧牛羊,种植各种粮食、蔬菜、水果,用勤劳的双手不停劳作,收获了幸福美满的生活。每一次种子到果实的蜕变,都是土地对人类的馈赠。通过各类劳动工具,了解从耕地、播种、管理照护、收获储存、农产品再加工等流程,掌握农作物的生长规律和种植习性,学生对土地和大自然产生崇高的敬意,并伸出勤劳的双手,去耕耘、播种,去期待种子的生根发芽,开启一段充满艰辛、收获与希望的劳动旅程。

一、任务目的

为增强学生对农业生产劳动工具种类的认识,使学生掌握农业生产劳动工具的使用方法,了解农作物的生长习性,增强学生的动手能力,各专业根据专业特点组织开展农业生产劳动工具使用大比拼活动。

二、任务要求

(1)注意机器上的安全警示标志,仔细阅读标志的内容,牢记于心。
(2)当身体出现疲惫、睡眠不足等状况时,禁止操作机械设备,以免因注意力无法集中发生误操作而受伤。
(3)使用锄头、钉耙、犁等手动农业工具时,要远离人体,以免割伤或砸伤。
(4)使用化肥时,注意戴好防护手套,避免腐蚀手部皮肤。
(5)参加农业劳动时,应穿着适合劳作的服饰。禁止穿凉鞋、拖鞋,防止机械伤害,防止泥土钻进鞋里;禁止赤脚,避免被地里的硬物割伤;应穿长袖、长裤,不得有较长的装饰物,长发应当挽起,避免不小心卷入旋转的机械中,造成伤害;勿佩戴首饰,避免劳作过程中不小心丢失。
(6)活动结束后,将工具整理干净、整洁。

三、任务内容

(1)识别各类劳动工具,并能够说出其用途。
(2)会操作使用劳动工具,并不伤及农作物。
(3)能够准确识别农作物,并了解其生长习性。
(4)能够根据农作物的自然环境条件和当下生长情况,准确选用劳动工具。
请说出图4-3中农具的用途及适合的农作物。

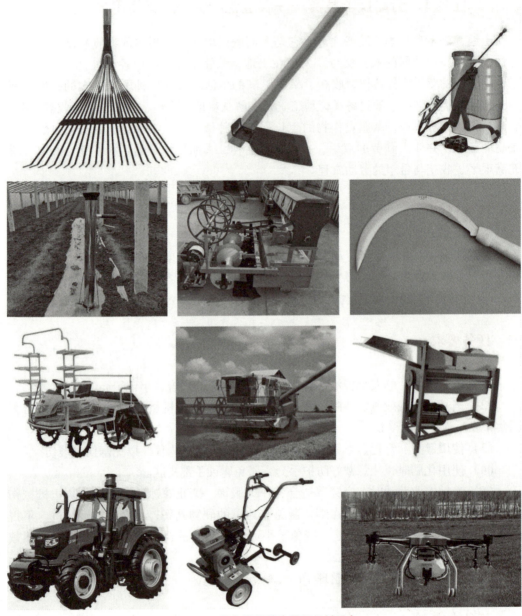

图4-3 北方常用的农具及机械设备

四、任务实施

劳动技能竞赛——农业生产劳动工具使用大比拼			
具体任务	内容	存在的问题	解决办法
任务实施	（1）准备：选定劳动项目所用的劳动工具。 （2）记录：小组成员合作完成整个劳动过程，并拍摄劳动过程，制作劳动工具使用小视频，并分享过程照片。 （3）分享：线上平台分享作品，每张照片附50字以内简介		
过程记录			
任务总结			

五、任务评价

专业	
组名	

续表

成员	
任务体会	
小组自评 （50 分）	评语： 分数：
教师评价 （50 分）	评语： 分数：

任务 2　劳动技能竞赛——专业生产常用劳动工具使用大比武

高职高专各专业注重培养理想信念坚定的，德智体美劳全面发展的，具有一定科学文化水平、良好人文素养、职业道德和创新意识的，具有精益求精的工匠精神和较强就业能力和可持续发展能力的高素质技术技能型人才。

一、任务目的

为增强学生对专业生产劳动工具种类的认识，使学生掌握专业生产劳动工具的使用方法；提高学生对设备故障进行判断与排除的能力，对生产过程中复杂情况及事故进行初步判断与解决的能力，对不同工具核心操作的能力，以及各种设备的安装、调试、使用及维护的能力，各专业根据专业特点组织开展专业生产劳动工具使用大比武任务。

模块四 具有必要的劳动能力

二、任务要求

（1）湿手不得接触插头、插线板、计算机等电器装置，以防触电。
（2）电器用完后应及时关机，防止因长时间通电而受损。
（3）注意各类数据的及时保存。
（4）活动结束后，将工具整理干净整洁。

三、任务内容

（1）识别专业生产劳动工具、仪器、设备，并能够说出其用途。
（2）确定专业技术劳动项目、小组，设计初步工作方案。
（3）了解专业生产劳动工具的工作原理，会操作、懂保养、会维护专业生产劳动工具，能够准确获取工具的操作数据，并通过专业技术平台查找相关技术资料和参考文献进行数据结果的对比，最后进行总结、汇报。

四、任务实施

劳动技能竞赛——专业生产常用劳动工具使用大比武			
具体任务	内容	存在的问题	解决办法
任务实施	（1）准备：选定劳动项目所用的劳动工具。 （2）记录：小组成员合作完成整个劳动过程，并拍摄劳动过程，制作劳动工具使用小视频，并分享过程照片。 （3）分享：线上平台分享作品，每张照片附50字以内简介		
过程记录			
任务总结			

五、任务评价

专业	
组名	
成员	
任务体会	
小组自评 （50分）	评语： 分数：
教师评价 （50分）	评语： 分数：

模块四　具有必要的劳动能力

主题二　会劳动——手脑并用，提高创造力

 案例导入

5G 大显身手

图 4-4、图 4-5 所示为杭州医生远程为新疆患者做手术，5G 大显身手的时代真的要来了？

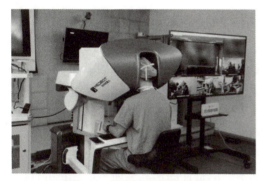

图 4-4　杭州医生远程手术

图 4-5　新疆患者手术

2023 年 2 月 16 日，中国医学界出现了一次史无前例的手术。一名在杭州的医生通过 5G 技术，远程操控远在新疆的手术机器人，为新疆兵团阿拉尔医院的一名患者做了胆囊切除手术。当时，新疆的陈女士突发急性胆囊炎，需要立即做手术，但是主刀医生并没有选择当地医生，而是选择了浙江杭州的医生梁霄。

梁霄通过一台 5G 远程机器人为病人做手术，这台机器人有一个大屏幕，大屏幕是 3D 成像，医生戴上 3D 眼镜能够看到患者体内的情况，机器人上有两个主手机械臂，医生操控主手机械臂就相当于是在操作手术刀，根据患者的情况进行手术。

患者躺在新疆的手术台上，手术台上也有一台机器人，这台机器人会将患者的画像实时传递到远在杭州的大屏幕上，利用 5G 技术将时间延迟缩短到只有 100 毫秒，也就是 0.1 秒，医生在操作主手机械臂的时候，手术台上的主手机械臂会根据医生的操作进行相应的操作，就好像你在打游戏的时候按住手柄，游戏里的人物就会根据你的操作进行相应的动作一样。

手术过程十分顺利，患者的身体情况目前也很稳定。总的来说，这次远程手术的效果几乎可以与传统手术媲美。

（来源：中国新闻网）

【思考】

对于 5G 时代的到来，你有何感想？

新时代劳动教育与实践

创造性劳动是劳动自身的要求，也是时代的要求。自第二次世界大战以来，世界经济发展中最引人注目的现象就是科学技术的迅猛发展，它使人类经济生活发生了全方位的变化。进入21世纪，信息技术的迅速兴起和广泛应用又使人类社会开始逐步进入到了知识经济时代，一系列新发明、新创造、新成果的出现和应用使知识经济的创造性特征日趋突出和明显。

人类早期主要靠体力劳动来谋求生存，现在则已转入更多凭借向体力劳动中注入智慧或集体力劳动、脑力劳动于一体来谋取生存条件，提高生存福利。体力劳动在社会现阶段更加隶属于智力创造活动，体力劳动越来越要求丰富的知识，以至于体力劳动仅起着达到脑力劳动目的之手段的作用。正因如此，脑力劳动与体力劳动的差别才会逐渐消除。如今，任何一种"纯体力"劳动都要求丰富的知识、较高的文化和教育程度。人类社会已进入创造性劳动时代。

创造性劳动是在创造性思维的支配下，具有科学知识和科学技术的劳动者，通过创造发明来改变人类与自然的物质交换过程，打破生产要素组合的均衡态，形成新的劳动要素组合和新的劳动程序，提供新颖独特、有社会价值的新事物、新功能，使人类劳动在前所未有的程序上来进行，从而加速人类物质财富和精神财富创造的生产活动。简单来说，即以前所未有的劳动形式创造出前所未有的价值的活动。

劳动是能够创造出人类自身存在和发展所需要的物质财富与精神财富的活动。创造性是人类劳动的本质特征，但是人类的劳动不是消费性的活动，而是指有目的性的、生产创造性的活动。因此，对于一些本身虽有目的性的活动，如吃喝、玩乐、睡觉等，是不能被称为劳动的，从这个意义上讲，创造性作为劳动本身的内涵，也仅仅是指生产领域的生产性劳动的创造性。

充满丰富的智力活动的创造性劳动，实际上就是体力劳动与脑力劳动相结合的劳动，是将物质财富的创造者和创造精神价值的、在劳动中显示自己智力的思想家结合在一起的劳动。在今天的社会里，一个知识贫乏的人，很难胜任真正的体力劳动，甚至很难继续生存下去。因此大学生要从劳动与知识、智慧、科学文化的密切关系中，懂得创造性劳动的重大意义。

学习目标

知识目标：了解专业劳动的创新能力。

技能目标：能够用专业创新思维，发现问题并用创新方法解决问题。

素养目标：培养主动创新意识。

模块四　具有必要的劳动能力

任务1　劳动技能竞赛——商标设计

商标是一个专门的法律术语，是用以识别和区分商品或者服务来源的标志。任何能够将自然人、法人或者其他组织的商品与他人的商品区别开的标志，包括文字、图形、字母、数字、三维标志、颜色组合和声音等，以及上述要素的组合，均可以作为商标申请注册。品牌或品牌的一部分在政府有关部门依法注册后，被称为"商标"。商标受法律的保护，注册者有专用权。国际市场上著名的商标，往往在许多国家注册。中国有"注册商标"与"未注册商标"之区别。"注册商标"是在政府有关部门注册后受法律保护的商标，"未注册商标"则是不受法律保护的商标。

商标价值是指商标在投资或经营过程中作为资产的价值，即商标资产所含资本量的大小；是指其资本价值，而不是荣誉上的或主观上的价值。商标是企业的无形资产，商标的价值多少，没有一个非常固定的评判标准。商标价值通常取决于商标的认知度和认可度，以商标能够为企业带来的预估值来评判。

商标设计是指一般商标的体现和表达形式，通常采用艺术手段或是文字形式将商标构思具体化展示出来。我们日常中所购买的物品都有其独一无二的商标表现形式，即我们通常所说的logo。

各小组根据专业特点设计符合专业的logo与吉祥物，以及对选定的产品、项目进行商标设计。

一、任务目的

通过举办本次竞赛，加深同学们对本专业的认识和了解，营造专业内部浓厚的学习氛围，提高本专业的核心竞争力和凝聚力，打造专业的品牌特色，展现个人才能风采及团队合作魅力，激发同学课余创作热情；突出专业办学特色，提升在校大学生的创新和动手实践能力，展示素质教育成果和大学生的青春风采；培养大学生的创新思维和动手能力，调动大学生参加校园文化活动的积极性和创新性。

二、任务要求

（1）要求作品必须是原创，不得抄袭他人，否则取消参赛资格。
（2）专业商标的设计应体现专业特色、校风、教风、学风。
（3）设计图案应构思新颖，主题鲜明，简洁明朗，寓意丰富，色彩明快，标志性强，具有鲜明的时代特色，便于识别和制作，富有寓意，有一定深度、创意性，具有较强的视觉冲击力。
（4）logo设计要有设计说明和色标，提交初赛稿件包括设计创意说明、效果图等，包含中、英文专业名称，作品附上姓名、班级及联系方式。

三、任务内容

（1）各团队在充分理解本专业名称内涵、对接岗位能力等方面因素的前提下，进行商标和吉祥物的设计。

（2）充分查阅商标设计文献资料，掌握商标设计用途和要点。商标设计应包含以下五点。

①商标识别点。识别点要根据专业特点、岗位技能特征等进行多角度分析，以文字形式、图形样式抑或是图文结合的形式，来传达商标特性和设计理念。

②商标颜色。在选择商标颜色时候，需要参考同类型商标颜色，在与之协调的基础之上再加入一些创新性，最终达到提高各群体对该商标的记忆的效果。

③商标的标准字体设计。在商标设计中，设计的字体和常见的印刷字体不同，除了在字形上面的不同以外，经过设计的字体更能够充分体现个性和特点，对字体的形式、厚度、字与字之间的衔接制定统一规划，这样做出来的效果比一般字体更加漂亮也更易于分辨。

④商标质感。商标是否具有竞争力不仅仅体现在创意上，更重要的是要体现在商标的质感上。因为商标是企业和品牌投射在消费者心中最初的形象，有质感的商标会给消费者带来信任感，也更加易于广告的宣传和识别。

⑤商标的具体应用。在进行商标设计时，要考虑商标的实用性，无论是印刷，还是雕刻等都能够做到视觉形象上的统一。因此，在设计时，要充分考虑到商标在放大或是缩小后，消费者所看到的视角是否一致，尽量减少渐变颜色的使用，商标应尽量简洁明了。

（3）各小组自行选择常用 Illustrator、Photoshop 等绘图软件，按照商标注册的要求进行设计。

（4）以电子文档提交，作品应附详细的设计说明文字，字数在 200 字以上。同时上交手绘稿，画在 A4 纸上。手绘稿要求画面完整、纸张整洁。

四、任务实施

劳动技术竞赛——商标设计			
具体任务	内容	存在的问题	解决办法
任务实施	（1）准备：选定劳动项目所用的劳动工具。 （2）记录：小组成员合作完成整个劳动过程，并拍摄劳动过程，制作劳动工具使用小视频，并分享过程照片。 （3）分享：线上平台分享作品，每张照片附 50 字以内简介。 （4）评选：通过线上教学平台以投票方式进行评选，当投票截止后按作品所得票数进行分数转换，转换制度是：最高票数计为 30 分，第二名 28 分，后面依次以 2 分递减。参赛者最后得分为网评（30%）+自评（30%）+专业评分（40%）		

模块四 具有必要的劳动能力

续表

	劳动技术竞赛——商标设计		
具体任务	内容	存在的问题	解决办法
过程记录			
任务总结			

五、任务评价

专业	
组名	
成员	
任务体会	

续表

网络评分 （30 分）	分数：
小组自评 （30 分）	评语： 分数：
教师评价 （40 分）	评语： 分数：

任务 2　劳动技能竞赛——"仿生机器人"功能设计

"仿生机器人"是指模仿生物、从事生物特点工作的机器人。目前在西方国家，机械宠物十分流行，另外，"仿麻雀机器人"可以担任环境监测的任务，具有广阔的开发前景。21 世纪人类将进入老龄化社会，发展"仿人机器人"将弥补年轻劳动力的严重不足的缺陷，解决老龄化社会的家庭服务和医疗等社会问题，并能开辟新的产业，创造新的就业机会。

首先，通过模仿某些昆虫来制造机器人并不简单。比如，国外有的科学家观察发现，蚂蚁的大脑很小，视力极差，但它的导航能力高超，当蚂蚁发现食物源后回去召唤同伴时，便把这一食物的映像始终存储在它的大脑里，并利用大脑里的映像与眼前真实的景象相匹配的方法，循原路返回。科学家认为，模仿蚂蚁这一功能，可使机器人在陌生的环境中具有高超的探路能力。

其次，不论何时，对仿生机械（器）的研究，都是多方面的，也就是既要发展模仿人的机器人，又要发展模仿其他生物的机械（器）。机器人问世之前，人们除研究制造自动偶人外，对机械动物也非常感兴趣，如传说中诸葛亮发明的木牛流马，法国著名工程师鲍堪松制造的凫水铁鸭子等，都非常有名。

模块四 具有必要的劳动能力

珠海新概念航空航天器有限公司李晓阳博士和他领导的研究组，在 2008 年 11 月 15 日成功研制出仿生机器人壁虎"神行者"。仿生机器人壁虎"神行者"作为一种体积小、行动灵活的新型智能机器人，有可能在不久的将来广泛应用于搜索、救援、反恐，以及科学实验和科学考察。据李晓阳博士介绍，这种机器人壁虎，能在各种建筑物的墙面、地下和墙缝中垂直上下迅速攀爬，或者在天花板下倒挂行走，对光滑的玻璃、粗糙或者沾有粉尘的墙面，以及各种金属材料表面都能够适应，能够自动辨识障碍物并规避绕行，动作灵活逼真。其灵活性和运动速度可媲美自然界的壁虎。

一、任务目的

为了激发大学生的创造力和想象力，设计不限制生物类型和机器人功能，鼓励学生从不同角度和领域展现他们的创意。比如，可以设计有机器人模仿动物运动的仿生机器人组，用于救援行动的仿生机器人组，用于农业领域的仿生机器人组，等等。不设定类型既能满足学生的多样化需求，又能促进科技与实际应用的结合。

锻炼学生文献检索能力、信息技术应用能力和团队合作能力。要想设计一个能够模仿生物行为的机器人，学生需要了解生物的行为原理和身体结构，才能准确还原出仿生机器人的形态和运动方式。在一个仿生机器人功能设计项目中，往往涉及多个学科领域的知识，如机械工程、电子工程、计算机科学等，一个人很难独自完成。因此，组织一个高效协作的团队是非常重要的。学生们需要相互协作，共同完成机器人的外观和功能，这样的团队合作模式既锻炼了参赛者的团队合作能力，也培养了他们在项目管理和领导力方面的潜能。

二、任务要求

（1）作品结合仿生学，设计一个以机器人（并不要求为人形机器人）为平台的作品。如海豚与潜水艇、萤火虫与日光灯、火箭升空与水母、墨鱼等。

（2）设计目标明确，契合仿生主题，设计方案具有可行性。

（3）作品以文字形式上交，包含设计的解说文字及简明的设计结构图。

三、任务内容

（1）各团队在充分了解生物习性的前提下，进行合理设计。

（2）可以聚焦农业、工业、服务等行业痛点问题进行分析，并解决问题。功能设计要求正能量，要保证设计想法为团队原创，不得剽窃抄袭已有作品。

（3）各小组自行选择常用 Illustrator、Photoshop 等绘图软件进行设计，也可提供仿生机器人模型。以电子文档提交，作品应附详细的设计说明文字，字数在 500 字以上。也可上交手绘稿，画在 A4 纸上，手绘稿要求画面完整、纸张整洁。

四、任务实施

劳动技能竞赛——"仿生机器人"功能设计			
具体任务	内容	存在的问题	解决办法
任务实施	（1）准备：查找文献了解生物特征和想要解决的问题，做好设计准备工作。 （2）记录：小组成员合作完成整个设计过程，并拍摄设计过程，制作小视频，并分享过程照片。 （3）分享：线上平台分享作品。 （4）评选：通过线上教学平台以投票方式进行评选，当投票截止后按作品所得票数进行分数转换，转换制度是：最高票数计为30分，第二名28分，后面依次以2分递减。参赛者最后得分为网评（30%）+自评（30%）+专业评分（40%）		
过程记录			
任务总结			

模块四 具有必要的劳动能力

五、任务评价

专业	
组名	
成员	
任务体会	
网络评分 （30 分）	分数：
小组自评 （30 分）	评语： 分数：
教师评价 （40 分）	评语： 分数：

主题三　善劳动——学会设计，善于操作

> **案例导入**

钟南山

钟南山（见图4-6），1936年10月出生于医学世家，呼吸病学学家，广州医科大学附属第一医院国家呼吸系统疾病临床医学研究中心主任，中国工程院院士，中国医学科学院学部委员，中国抗击非典型肺炎、新冠病毒疫情的领军人物，中华医学会会长，广州呼吸疾病国家重点实验室主任，国家卫健委高级别专家组组长，国家健康科普专家。

图4-6　工作和生活中的钟南山

1958年8月，在第一届全运会的比赛测验中，钟南山以54秒2的成绩，打破了当时54秒6的400米栏的全国纪录。

2003年抗击"非典"中，钟南山不顾生命危险救治危重病人，奔赴疫区指导医疗救治工作，倡导与国际卫生组织合作，主持制定我国"非典"等急性传染病诊治指南，为战胜"非典"疫情作出重要贡献。

从"非典"到新冠病毒，钟南山一直站在抗疫一线，成为公共卫生事件应急体系建设的推动者，促成了国家多项政策法规的制定，更成为突发公共卫生事件的代言人，成为稳定民心的科学家代表。新冠病毒疫情发生后，他敢医敢言，提出存在"人传人"现象，强调严格防控，领导撰写新冠病毒诊疗方案，在疫情防控、重症救治、科研攻关等方面作出杰出贡献。

从教几十年，钟南山更是一位桃李满天下、锐意创新的教学名师。

2010年，为了推动医学教育改革创新，培养更多拔尖人才，钟南山亲自参与挑选和面试，从广州医学院2010级416名临床医学专业新生中选拔32名成立"南山班"，并亲自担任班主任。钟南山在开班仪式上说："希望我班上的学生从一年级起就能亲身

模块四 具有必要的劳动能力

接触病人,我们的目标不是培养英语流利却去国外实验室做高级打工仔的人,而是创新型的中国医学实用人才。"

钟南山常常对自己的学生说:"不要只满足于做一个医生,而要努力成为一名出色的临床医学家。"钟南山勉励学生,学医不能仅仅为了谋求一个糊口的职业,而应更多地考虑增进人民的健康和福祉。

(来源:广州医科大学附属第一医院网站)

【思考】

钟南山院士优秀的劳动品质让人敬畏,他在工作之余坚持锻炼身体,82岁时仍然活跃在临床一线创新前沿,对此你有何感想?

何为善劳?善,一曰"善人"。心地善、行为善,善是方针、劳为手段,既为个人谋幸福,也为社会作贡献,此劳即人们所广为颂扬的"劳动者"。二曰"善于"。具有劳之能力,熟谙劳之技巧,勤于劳之思考,赋予劳之创新,此劳即"会劳者"。二者结合,也就是我们通常所说的"愿干而又会干者"。

"中华民族是勤于劳动、善于劳动的民族。正是因为劳动创造,我们拥有了历史的辉煌;也正是因为劳动创造,我们拥有了今天的成就。"在工作中,我们要做到勤学习、勤思考、勤动手、勤跑腿,不管是谁交代的任务,只要是自己的本职工作,那就要更快、更好、更准确地完成。要始终脚踏实地、甘于奉献,不辜负组织和人民的信赖。劳动者是社会的创造者,党员干部要勤思苦干,自觉践行社会主义核心价值观,激发自己创业的无限潜能。

学习目标

知识目标:掌握生活、学习物品整理归纳的常识,并能够有效利用空间,学会对旧物进行合理改造。

技能目标:具有生活自理能力,能够归纳和合理优化空间。

素养目标:培养生活自律、团结合作的优良品质。

任务1 劳动技能竞赛——集体生活 寝室美化

寝室是大学生学习、生活的主要场所,寝室的卫生情况和装饰风格在一定程度上体现了大学生的精神风貌。大学生应积极打扫寝室卫生,确保寝室干净、整洁,此外还可以发挥个人所长,创造性地装饰寝室。寝室美化不仅可以丰富寝室文化内涵和寝室文化生活,还能帮助大学生养成良好的生活和学习习惯,提高大学生综合素质。以寝室为小组,开展学生寝室文化建设评比活动。

新时代劳动教育与实践

一、任务目的

为增强大学生的寝室建设意识和管理意识，丰富大学生的课余文化生活，营造温馨的寝室氛围，特地组织开展寝室美化活动。

二、任务要求

（1）寝室成员相互配合，合理确定打扫流程并进行分工，并且按照从上到下（先打扫天花板，再打扫墙壁，最后打扫地面）、先粗后细（先整理，再打扫，最后擦拭）、先内后外（先整理衣柜，再整理书桌、床铺等）的顺序进行打扫。

（2）地面、墙壁、衣柜、桌椅、门窗干净无灰尘和污渍，物品摆放有序，床上用品叠放整齐。

（3）确定本寝室的装饰风格，如文艺风格、浪漫风格、运动风格等，为寝室起名。寝室的装饰风格应积极向上、健康活泼，能体现大学生的朝气与活力，体现寝室成员的共同理想与追求。

（4）倡导自制装饰物品，节约成本，鼓励以废旧物品为原材料制作各种装饰物品。

三、任务内容

1. 寝室美化

（1）简单大方。寝室面积通常不大，没有必要摆放过多的装饰物品，否则会显得杂乱。

（2）温馨舒适。寝室是放松、休憩的地方，大学生在美化寝室时，可以考虑营造一种温馨、舒适的氛围，让寝室充满家的温暖气息。

（3）营造学习氛围。寝室除了是放松、休憩的地方，也是学习的场所。大学生在美化寝室时，要以不影响学习为基本要求，尽量避免放置容易转移注意力的装饰物品。

2. 创意改造

（1）彰显寝室文化。每个寝室都有属于自己的文化，大学生在美化寝室时要充分考虑自己寝室的特点，共同营造温暖的寝室环境。

（2）用材节约，变废为宝。低碳、绿色不仅是当下流行的概念，更是我们应践行的生活理念。大学生在美化寝室时，可以充分利用易拉罐、塑料瓶、雪糕棍、牛奶盒、废纸箱等生活垃圾和废旧物品制作各种实用的生活用品。这种方式不仅创意十足，还能向周围的人传递低碳、绿色的生活理念。

（3）彰显个性。寝室由多个小空间组成，每个小空间都是使用者的"家"。在美化寝室时，大学生可以在兼顾整体风格的基础上，充分考虑自己的使用需求和审美偏好，打造"专属空间"，彰显自己的个性。

模块四　具有必要的劳动能力

四、寝室美化小窍门

1. 衣柜整理

寝室里的衣柜大多是直筒式的，隔断比较少，在放置衣物时比较浪费空间，使用衣柜隔板在衣柜中划分出合适的区域，能够充分利用空间。此外，还可以在衣柜中放一些多层收纳筐，这样既能充分利用空间，又能将贴身衣物、帽子、包等分类收纳。如果衣柜里没有挂衣杆，可以用伸缩杆代替。

2. 桌面美化

使用桌面置物架和桌下挂篮，可以让桌子拥有更多的收纳空间。

（1）桌面置物架。桌面置物架是一种轻便又实用的收纳工具，价格便宜，不仅能够收纳桌面上的小东西，还能够很好地装饰空间。

（2）桌下挂篮。桌下挂篮能够创造隐形的收纳空间，用于放置各种小物件。

3. 床边装饰

在寝室，床边挂篮和床边挂袋是非常实用的收纳和装饰工具，能够放水杯、纸巾、书籍等。使用床边挂篮和床边挂袋，不仅可以避免经常爬上爬下拿东西，还可以保证床铺整洁。

五、任务实施

劳动技能竞赛——集体生活寝室美化			
具体任务	内容	存在的问题	解决办法
任务实施	（1）准备：提前规划并选定好拍摄工具、清扫工具、装饰工具与用品。 （2）记录：拍摄活动从开始到结束的重要环节，小组成员合作完成整个劳动过程，并制作成短视频，并分享过程照片。 （3）分享：线上平台分享作品并附200字以上装饰风格简介		
过程记录			
任务总结			

145

六、任务评价

专业	
组名	
成员	
任务体会	
小组自评 （50 分）	评语： 分数：
教师评价 （50 分）	评语： 分数：

模块四　具有必要的劳动能力

任务2　劳动技能竞赛——热爱生活　家务劳动

"一室之不治，何以天下家国为？"清代文学家刘蓉在《习惯说》中记述了他年轻时的一件事："蓉少时，读书养晦堂之西偏一室，俯而读，仰而思，思有弗得，辄起绕室以旋。室有洼，径尺，浸淫日广。每履之，足苦踬焉。既久而遂安之。一日，父来室中，语之，顾而笑曰：'一室之不治，何以天下家国为？'命童子取土平之。"孟子曰："天下之本在国，国之本在家，家之本在身。"《朱子家训》开篇写道："黎明即起，洒扫庭除，要内外整洁。"他把家务劳动当成了"修身治国平天下"的必修功课。他认为，一个连基本的劳动观念和生活自理能力都没有的人，将来要做成大事也是很难的。

美国哈佛大学和斯坦福大学的专家曾对家务劳动与健康的关系做过专门研究，列出了家务活的能量消耗表。扫地15分钟约消耗60卡路里①热量；手洗衣服1小时约消耗190卡路里热量；熨衣服45分钟约消耗180卡路里热量；擦玻璃窗30分钟约消耗150卡路里热量；用吸尘器吸尘30分钟约消耗120卡路里热量；洗碗碟15分钟约消耗45卡路里热量；收拾物件10分钟约消耗30卡路里热量。每周做家务劳动消耗2 000卡路里热量的人，患心血管病而死亡的可能性比不做家务劳动的人低75%，寿命也可以延长5～10年。

如果家务劳动过于繁重，对人的精神和体力是无益的。想让家务劳动达到健身的效果，必须心情愉快地去做。国外的专家对数千名中年以上的女性进行调查，发现每星期能做2.5小时园艺工作及喜欢经常散步的女性，身体充满活力，不容易发胖，静态时心率较低，比经常陷于沉重家务劳动中的女性身体更健康。

为锻炼大学生的自理能力，特组织开展线上分享家务活动，利用周末或者节假日，分享在家里整理、打扫、厨艺、修理等技能。

一、任务目的

（1）培养从身边事、从小事做起的好习惯。
（2）懂得为父母分担家务，懂得感恩，争做家务劳动主力军。
（3）认识劳动带来的好处，做好家务劳动的践行者。
（4）能够主动检修家电，通过实践认识到一些物品只要稍加修理还能使用，养成勤俭节约的美德。

二、任务要求

利用周末或节假日回家的时间参与家务劳动，并进行家务线上打卡，编辑成小视频晒出自己做家务的过程。在家务劳动过程中独力完成各类任务。

---

① 1卡路里=4.186 8焦。

（1）独力清洗所有人的衣物，并将衣服整齐收纳。

（2）了解各类食材的特点与食材相生相克的基本常识，为家人做一顿丰盛的美食。

（3）将房间打扫得窗明几净，物品摆放整齐。

三、任务内容

（1）衣物清洗与收纳。

①合理清洗衣物，能够根据面料和商标识别衣物的洗涤方式（水洗、干洗、手洗等），并能够将不同衣物分开清洗。

②根据衣物的类型和季节进行分类整理，并整齐地折叠摆放好。

③能够将废旧衣物进行合理改造。

（2）能够独力为家人做一顿丰盛的美食，能够在吃饭时放下手机，与家人在愉快的气氛中享受美食。

（3）知晓家里常用工具的摆放位置，能够用常用工具打扫房间，将房间内的物品摆放整齐、有序，将房间打扫得整洁干净。

（4）认识生活中一些常用的修理工具，并且简单了解它们的使用方法。能自己动手修理简单的物品。

四、任务实施

劳动技能竞赛——热爱生活　家务劳动			
具体任务	内容	存在的问题	解决办法
任务实施	（1）准备：提前规划，选定菜品，购买适量的蔬菜等，并做好拍摄准备。 （2）记录：成员独力完成整个劳动过程，并拍摄劳动过程，制作劳动工具使用小视频，并分享过程照片。 （3）分享：线上平台分享作品，每张照片附200字以上感想		
过程记录			
任务总结			

模块四　具有必要的劳动能力

五、任务评价

专业	
组名	
成员	
任务体会	
互评 （30 分）	评语： 分数：
自评 （30 分）	评语： 分数：
教师评价 （40 分）	评语： 分数：

主题四　爱劳动——团结合作，协同劳动

案例导入

红旗渠精神

历时 10 年，林县人民绝壁穿石，挖渠千里，终于在 1969 年建成了"人工天河"——红旗渠（见图 4-7、图 4-8），他们也将"自力更生、艰苦创业、团结协作、无私奉献"的精神之旗插在了太行山巅。

那是一段令人难以想象的岁月，那是一群令人难以忘怀的人们。20 世纪 60 年代，河南省林县的几十万百姓，为了解决困扰了他们祖祖辈辈的吃水难问题，硬是靠着一双双手，凭着自己的血肉之躯，在太行山深处的悬崖峭壁上，开凿出了一条全长 1 500 千米的人工天河，将远在山西境内的漳河水引入了他们千百年来饱受干旱之苦的故土，这就是闻名世界的"人工天河"红旗渠。这是一个为我们所熟悉的名字，这又是一段让我们感到陌生的故事。

"既然愚公能移山，我们修渠有何难，立下愚公移山志，决心劈开太行山。"县委征求意见时，林县百姓说："国家没钱，我们自带干粮也要修成，这是祖祖辈辈的大事。"

最终，林县百姓靠一锤、一铲、一双手，风餐露宿、吃糠咽菜，削平了 1 250 座山头，架设了 152 个渡槽，打通了 211 条隧道，硬是在太行山悬崖绝壁上，凿出了一条 1 500 千米的"生命之渠"。

图 4-7　红旗渠总干渠

图 4-8　红旗渠通水庆典照片

（来源：光明网）

【思考】

你如何理解红旗渠精神？

团结协作是指人们在日常生活、学习和工作中，互相支持，互相配合，顾全大局，

模块四　具有必要的劳动能力

明确工作任务和共同目标；在工作中尊重他人，虚心诚恳，积极主动协同他人办好各项事务。一个优秀的集体，要具备工作认真、心理健康、勤学文明、活泼向上、团结友善的素质，其中，最重要的是团结。

2020年年初，新冠病毒疫情突然来袭。面对中华人民共和国成立以来，在我国发生的传播速度最快、感染范围最广、防控难度最大的一次重大突发公共卫生事件，14亿中华儿女并肩战斗、守望相助，谱写了一曲感天动地的奋斗之歌。

在疫情防控一线，各行各业劳动者夜以继日地奋斗，全力以赴地工作，凝聚起抗击疫魔的强大合力，支撑着社会生产生活正常运转。从冲锋陷阵、不顾安危的医务人员，到尽职尽责、连续作战的社区工作者，再到昼夜不停、奔走不息的快递骑手，无数凡人英雄涌现出来，展现了广大劳动者胸怀全局、爱岗敬业、艰苦奋斗、无私奉献的光荣传统和家国情怀。

全国亿万劳动者迎难而上，团结一心，唱响了抗疫时期的"劳动号子"：在希望的田野上，人们在抓春耕促生产；在厂房车间里，人们在加班加点；在城市大街小巷间，外卖员、快递员们穿梭不停；居家办公、"云端"会议，上班族"停班不停工"……亿万有理想守信念、懂技术会创新、敢担当讲奉献的劳动者大军，创造出令世界刮目相看的"中国速度"，诠释了"人民创造历史，劳动开创未来"的新时代精神。

学习目标

知识目标：掌握突发事件的类型和处理方式，了解团队合作完成工作任务的重要性。

技能目标：具有应对突发事件的处理能力。

素养目标：培养学生发现问题并解决问题的能力。

任务1　劳动技能竞赛——校园突发事件处理

突发事件，是指突然发生，造成或者可能造成严重社会危害，需要采取应急处置措施予以应对的自然灾害、事故灾难、公共卫生事件和社会安全事件。

随着科学技术的不断发展，人们认识自然、改造自然、战胜自然的能力将逐渐提高，因自然因素引发的突发事件将逐步减少。但随着社会政治、经济的发展，由政治因素和经济利益引发的突发事件将有所增加，造成的损失将更加严重；一些地方生态环境恶化，环境灾难事件可能呈上升趋势；由于危险有害物品增多，事故灾难也将时有发生；一些国家和地区流行性传染病的发生和扩散，可能引发较大范围的公共卫生事件；一些组织和个人利用高新技术进行高智能犯罪的可能性增加；新类型突发事件发生的可能性增加。

［事件1］2006年10月25日晚上8点，四川省巴中市通江县广纳镇中心小学晚自

习下课后，学生刚走出教室，灯突然熄灭了，楼道一片漆黑，有学生怪叫"鬼来了"，引起了恐慌，大家争相往楼下奔跑，部分学生被挤倒，被后面涌上来的学生踩在脚下。这次踩踏事件造成10名学生死亡，27名学生受伤，其中重伤7人。

[事件2] 2013年2月27日6时左右，湖北襄阳老河口市薛集镇秦集小学发生因拥挤引起的踩踏事件，造成4名学生死亡，多名学生不同程度受伤。

[事件3] 2013年4月17日下午3时左右，深圳市龙华新区书香小学部分学生在罗湖东门汇国际轻纺城6楼迪可可儿童职业体验馆参加社会实践活动后，乘手扶梯下楼，在4楼下3楼时发生学生摔倒踩踏事件，造成9名学生受伤。

以上3起学生踩踏事件，2起发生在校内，1起发生在校外，都造成了无法挽回的损失，令人十分痛心。学校是人流量密集场所，一旦发生拥堵踩踏事件，后果将不堪设想。一些学校存在应急疏散演练缺乏经常性和实效性、应急疏散示意图未上墙、应急指示灯等设施不规范，以及校外集体活动应急预案针对性不强等问题。以上几起事件的惨痛教训提醒我们，要完善应急疏散预案，做到应急疏散演练与学校升旗、课间操、集体活动等相结合，增强演练的科学性、实效性，进一步增强师生安全意识，确保疏散通道安全、有序、畅通，提高学生的逃生自救能力，才能有效预防和杜绝踩踏事件的发生。

一、任务目的

为增强大学生的应急处理能力，使学生能够沉着冷静、正确地处理突发事件；降低校园突发事件对师生人身安全、学校教学工作和生活秩序、学校和社会稳定等可能造成的损失或影响。学校将针对各类紧急情况，如安全事故（火灾、公用设施故障中断、建筑物倒塌、师生集体活动中发生的挤踩压伤、交通事故等）、公共卫生事件（食物或职业中毒、传染性疾病、群体性不明原因疾病等）、群体性事件（闹事、游行、非组织的政治性活动等）、影响重大的治安案件、师生非正常死亡、自然灾害事故（洪水、台风、破坏性地震）等，组织团队小组进行分析、讨论，设计应急预案及处理办法。以提升学生全面思考问题和解决问题的能力，提升学生事故防范、处置，自救自护的能力，以及培养学生帮助他人的崇高品质和提高学生的社会责任感。

二、任务要求

（1）团队合作，充分了解各类校园突发事件的类型。

（2）各小组针对各类校园突发事件，提出应对措施，每一类型的应对措施不少于200字，要求图文并茂，也可以制作警示类或科普类短视频。将结果分享至线上教学平台，进行集体讨论，评选出最全面、合理的处理方式。

模块四　具有必要的劳动能力

三、任务内容

（1）调研已发生的各类校园突发事件的原因和处理方式，分析不必要伤亡发生的原因，并提出应对措施。

（2）仔细观察校园环境，分析其存在的安全隐患并提出解决办法。

四、校园突发事件类型

校园突发事件分4类：自然灾害、事故灾难、公共卫生事件、社会安全事件。

（1）自然灾害：包括气象灾害、地震灾害、地质灾害、海洋灾害、重大生物灾害和森林草原火灾等。

（2）事故灾难：包括工矿商贸等企业的各类安全事故、交通运输事故、公共设施和设备事故、环境污染和生态破坏事件等。

（3）公共卫生事件：包括传染病疫情、群体性不明原因疾病、食品安全和职业危害、预防接种和预防服药群体性不良反应，以及其他严重影响公众健康和生命安全的事件。

（4）社会安全事件：包括恐怖袭击事件、经济安全事件和涉外突发事件等。

五、任务实施

劳动技竞赛——校园突发事件处理			
任务	内容	存在的问题	解决办法
任务实施	（1）准备：线上查阅资料，调研已发生的安全事故及处理办法，策划好短视频文案。 （2）记录：团队合作完成整个过程。 （3）分享：线上平台分享作品并附200字以上的简介，要求图文并茂，也可附警示类的短视频		
过程记录			
任务总结			

六、任务评价

专业	
组名	
成员	
任务体会	
小组互评 （50分）	评语： 分数：
教师评价 （50分）	评语： 分数：

任务 2　劳动技能竞赛——校园卫生保卫战

校园是大学生学习和生活的主要场所。对大学生而言，校园公共环境的好坏不仅直接影响自身日常生活和学习质量，而且会在更深层次影响自身思维习惯的培养和良好行为习惯的养成；对学校而言，公共环境的好坏不仅直接影响学校的日常管理和教学，同时也会影响学校的形象和美誉度。因此校园公共环境发挥着举足轻重的作用，需要人人出力、共同维护。

模块四　具有必要的劳动能力

校园属于公共环境，公共环境包括物质环境和精神环境两个部分。其中校园物质环境是指校园内经过组织、改造而形成的，供学生开展日常学习生活的有形场所，主要包括教学区域、休闲区域等。校园精神环境是全校师生共同价值观的反映，主要体现在校风学风、文明行为规范等方面。我们在维护物质环境的同时也要注重规范精神文明行为。

一、任务目的

干净有序的校园公共环境是大学生学习生活的重要基础，是提高学校运作效能和美誉度的基本保障，是和谐校园的重要标志。通过活动，引导学生发扬主人翁精神，爱护校园环境，树立自觉维护校园公共环境的意识，掌握公共环境保洁技能，做公共环境的维护者，合力打造干净整洁、风清气正的校园公共环境，助力日常学习和生活，为创造更加整洁、优美、温馨的学习和生活环境出自己的一份力。

二、任务要求

1. 校园环境卫生清洁

校园公共室外空间主要有走廊过道、楼梯平台、台阶、广场、车行道、人行道等，要做好这些空间的保洁工作。

（1）全面检查。开始保洁之前，要先查看走廊、平台、台阶、广场、车行道、人行道等区域是否有安全隐患、是否有物品损坏，如有，应先向有关部门报告，排除隐患、修复物品后再开始作业。

（2）提前准备好清洁工具：夹子、垃圾袋、拖把、扫把、清洁布、洗衣粉、水桶、钢丝球、橡胶手套和垃圾桶等。

2. 自觉维护校园精神环境

在和谐校园里，物质环境与精神环境应共同发展、相得益彰。故在营造干净、整洁的校园物质环境的同时，还应"全校一盘棋，师生齐发力"，遵循相应的校园文明行为规范。

（1）学生着装整洁得体，仪容端庄，行为举止高雅，谈吐文明；爱护校园一草一木，不随地吐痰；不乱扔垃圾；节约用水用电，珍惜粮食和生活用品，尽量少使用一次性用品。

（2）尊敬师长，友爱同学；敬老爱幼，乐于助人；说话和气，待人礼貌；男女交往，举止得体。自觉遵守学校各项规章制度，共同营造绿色健康、积极向上的校园氛围。

（3）树立集体荣誉感和主人翁意识，不做有损国家、集体和他人利益的事情，不参与任何有损学校荣誉、危害校园稳定、干扰教学与生活秩序的活动。

三、任务内容

（1）教师宣布任务主题，明确任务要求。

（2）教师将学生分为4个小组，分别为：食堂卫生与环境维护引导小组、教室卫生与环境维护引导小组、公区卫生与环境引导小组、公共卫生间卫生与环境引导小组。

（3）教师要求各小组在划定区域范围内寻找破坏公共卫生等不文明行为，并予以引导和纠正。

（4）各小组选派代表进行总结、汇报，并谈心得体会。

（5）教师总结。

四、任务实施

劳动技能竞赛——校园卫生保卫战			
具体任务	内容	存在的问题	解决办法
任务实施	（1）准备：根据区域划分小组并做好任务分配、准备劳动工具。 （2）记录：各组完成整个劳动过程，并拍摄劳动过程，制作卫生和精神风貌等方面宣传短视频，并分享过程照片。 （3）分享：线上平台分享作品		
过程记录			
任务总结			

模块四　具有必要的劳动能力

五、任务评价

专业		
组名		
成员		
任务体会		
互评 （30 分）	评语： 分数：	
自评 （30 分）	评语： 分数：	
教师评价 （40 分）	评语： 分数：	

模块五

养成良好的劳动习惯和品质

> 劳动的崇高道德意义还在于，一个人能在劳动的物质成果中体现他的智慧、技艺、对事业的无私热爱和把自己的经验传授给同志的志愿。
>
> ——苏霍姆林斯基

大学生是专业和活力的代名词，少年强则国强，我国越来越注重大学生的素质教育，培养大学生的实践能力。劳动素养是当今大学生必须具备的优良品格，大学生应该从以下八个方面逐渐培养劳动素养。

（1）具备正确的劳动价值观，树立热爱劳动的正确认识和尊重劳动价值的观念。

大学生不仅是时代的优秀人才，更是祖国的未来和社会发展的重要基石。在大学时代，要具备正确的劳动价值观，始终坚持劳动创造价值的观念。在学习、生活和工作当中，要尊重他人的劳动成果，充分肯定他人的劳动价值，坚守正确的劳动观念，秉持良好的劳动心态。

（2）拥有正确的劳动观念，积极参加力所能及的劳动，让劳动成为自身成长发展的重要基石。

在大学里，要主动承担老师安排的工作任务和班级分配的工作，在自己的能力范围内做好各项工作，履行好作为学生的义务。

积极参加学校和班集体组织的集体劳动，尤其是学校分配卫生区域的卫生工作，一定要主动做好，不给集体拖后腿，要主动承担任务，不能在关键时刻掉链子。

要树立为他人提供帮助是一种美德的心态，主动帮助老师、帮助同学，承担自己职责范围内的工作任务，让劳动成为自我发展的重要基石，通过劳动成长自我、发展自我，让劳动成为自我发展的终身伴侣。

模块五　养成良好的劳动习惯和品质

（3）树立良好的劳动品德，懂得劳动创造价值，摒弃不劳而获的懒惰思想和观念，养成主动劳动的品格。

在大学期间，要树立良好的劳动品德，在任何时刻、任何地方都要尊重劳动，懂得劳动创造价值的真谛，尤其是从心里感谢劳动人民创造的财富。

大学期间是价值观念形成的重要时期，这一时期对于树立良好的劳动品德具有重要影响，因此要树立起主动劳动的良好品格，自觉抵制不劳而获的腐朽思想和观念，主动担负起劳动的任务。

此外，高校不同职能部门应积极协同合作，充分挖掘校外资源，寻找优质企业，为学生创造良好的实践环境平台，不断扩大劳动实践覆盖面。

辅导员、班主任或导师们应积极带领青年学生走出校园，拓宽学生劳动素养方面的视野，改进全方位育人的教学管理模式。加大校企合作力度，给学生创造实践实习的机会，提升高校劳动教育水平，培育全面发展的新时代青年。

（4）具备必要的劳动技能，拥有独立自主、自力更生的专业技能，能够适应时代的发展和社会的需要。

在这方面，大学生要自觉学习专业知识，努力提升个人专业技能水平，适应新时代的发展要求。

（5）具备强健的体魄和积极的劳动心态。身体是工作的基础，只有拥有健康的身体，强健的体魄，才能为学习和工作提供足够的动力来源。当今大学生应该重视自己的体能，养成良好的运动习惯，提高自身的自律性和积极性。

（6）注重自理能力的养成。大学的四年生活当中，同学们将会从一个独立宿舍生活的初学者变为拥有强大的自理能力的成熟者。自理能力的培养有助于提高学生们从学生角色到职场角色转换的适应能力。日常生活中，大学生们应当积极参与家务劳动，培养劳动熟练性。

（7）提高为社会服务的能力。人们之所以要到社会工作当中去，就是为了能够运用自己的能力为人民、为社会作出应有的贡献。这不仅符合党的全心全意为人民服务的宗旨，也是利用社会工作养家糊口的基本要求。大学生应积极参与各类社会实践活动，逐渐提升为人民服务的能力，积攒社会工作经验。

（8）提升服务于人的工作能力。不管大学生未来从事什么工作，都要具备能够给他人提供服务的工作能力。工作能力是大学生达到自我供给的基础条件，离开父母的照顾，大学生需要用自己的手去创造经济财富，养活自己是活着的基本要素。

主题一　日常生活劳动实践

人类物质生活的重要内容为衣、食、住、行四个方面。古人言："食必常饱，然后求美；衣必常暖，然后求丽；居必常安，然后求乐。"在物质生活相对丰富的今天，人们不仅要吃饱穿暖，居有定所，而且要吃得精致，穿得漂亮，住得舒适，行得方便。因此人们在日常生活中投入了更多的劳动，不仅仅是技能性劳动，更多的是审美性劳动。当饮食、服饰上升为一种文化现象，而不仅仅是果腹御寒之需时，那美食华服背后蕴含的意义除了人们的生活需求，更见证了一种文化的变迁。大学生是社会中有激情、创意、活力和希望的群体，应当以积极的心态认识饮食、服饰文化的意义，穿着得体、洁净、优雅，饮食合理、健康、营养，居住环境整洁、舒适、温馨，充分展现当代大学生的自信、健康、美丽的精神风貌。

> **学习目标**
> 知识目标：了解垃圾分类的意义，掌握垃圾分类标准。
> 技能目标：日常生活中具有公共卫生环境的维护能力，养成自觉劳动习惯。
> 素养目标：从我做起，从小事做起，养成良好的劳动习惯。

任务1　劳动成果展示——保护环境，从垃圾分类开始

一、任务目的

保护环境，垃圾分类无疑具有重要的意义。校园是垃圾分类知识的实践场所。目前，垃圾分类教育已经纳入大中小学的日常教育。校园垃圾分类，就是要让学生在垃圾分类的实践中，感受垃圾分类带来的不是负担和任务，而是快乐和收获。

校园垃圾分类做得好，可以给社会树立良好的示范，也会向社会传递积极的信号，让垃圾分类成为校园文化的亮点，给社会文明注入新的内涵。

为了让校园垃圾分类做得更好，学校对校园垃圾分类进行专项督导检查，是非常有必要的。各小组成员合作完成，并形成常态化分类，对垃圾进行自觉分类投放。通过宣传活动，使全体同学及附近社区居民深入了解垃圾分类的意义，引导大家从身边做起、从点滴做起，自觉、科学地开展生活垃圾分类，逐步形成垃圾分类及环保意识，养成珍惜资源、节约能源的生活习惯，提高生活垃圾减量化、资源化、无害化水平，为建设美丽中国作贡献。

二、任务要求

（1）了解垃圾分类的知识，懂得垃圾分类的重要性，主动参与环保工作。
（2）充分宣传垃圾分类知识，从自己做起，做垃圾分类投放的践行者和倡导者。
（3）随时随地保持环保意识，用实际行动影响身边的同学、朋友、家人一起加入环保大军，做好垃圾分类投放工作。

模块五 养成良好的劳动习惯和品质

三、任务内容

（1）了解垃圾分类的知识，懂得垃圾分类的重要性，主动参与环保工作。

（2）以小组为单位，对所在校园及附近社区进行调查，选择一个社区进行垃圾分类宣传活动。

（3）对垃圾分类知识进行宣传讲解，告知居民本次活动的目的，呼吁居民积极参与垃圾分类投放。

（4）活动结束后清理场地，整理现场照片和视频，运用新媒体发布劳动成果。

（5）做垃圾分类投放的践行者和倡导者，不乱丢垃圾，主动捡拾地上的垃圾，带动朋友、家人主动进行垃圾分类。

（6）注重环境保护，不过度使用包装品，尽量选择堂食，不外带食物。

（7）做好活动过程记录，通过视频、文字、图片等形式进行总结，拍摄环保科普小视频，通过网络平台进行宣传。

四、任务实施

	劳动成果展示——保护环境，从垃圾分类开始		
具体任务	内容	存在的问题	解决办法
任务实施	（1）准备：拍摄工具、垃圾袋、扫帚、手套等垃圾捡拾工具。 （2）记录：小组合作完成，记录实践过程。 （3）分享：线上平台分享作品，以图片、视频、文字等多种形式进行分享		
过程记录			
任务总结			

五、任务评价

专业	
组名	
成员	
任务体会	
学生自评 （50 分）	评语： 分数：
教师评价 （50 分）	评语： 分数：

任务 2　劳动成果展示——做"长征饭"，传承红色精神

一、任务目的

　　一方面，尽量用具体的食物还原长征的艰苦条件，让学生对当时的艰苦条件有一个直观的感受；另一方面，通过忆苦思甜的方法来教育、引导学生，让学生通过切身体验来理解红军长征过程中的艰苦奋斗、百折不挠的宝贵精神，这样不仅能引起学生的兴趣，也能让学生有一种实际的体验、感悟，从而达到铭记长征历史、继承长征精神、珍惜今天来之不易幸福生活的目的，这显然要比简单的说教更有意义，更有效果，也更容易为学生所接受。

二、任务要求

　　（1）充分了解红军长征的历史，选择家里已有食材，为家人或朋友做一顿"长征

模块五 养成良好的劳动习惯和品质

饭"。

(2) 不浪费粮食,不放过多调料和当时没有的食材,尽量还原,做真正的"长征饭"。

(3) 餐后将厨房打扫整洁、干净。

三、任务内容

(1) 充分了解红军长征历史,铭记历史,不忘初心,牢记长征历史,学习、传承长征精神,以及艰苦奋斗的革命精神。

(2) 了解红军长征途中的食物,由于食物匮乏,每经一处的食物都不同,可根据自己家里和当地食材进行选择,如拌茼蒿、窝窝头、糙米饭、南瓜汤、青稞饼、秋茄子、煮红薯、皮带面、蘑菇汤等。

(3) 做好任务过程记录,通过视频、文字、图片等形式进行总结。

四、任务实施

劳动成果展示——做"长征饭",传承红色精神			
具体任务	内容	存在的问题	解决办法
任务实施	1. 准备:手机、自拍杆、三脚架等拍摄工具;提前规划好菜品,准备好食材。 2. 分享:线上平台分享作品,以图片、视频、文字等多种形式进行分享		
过程记录			
任务总结			

163

五、任务评价

专业	
组名	
成员	
任务体会	
学生自评 （50分）	评语： 分数：
教师评价 （50分）	评语： 分数：

主题二　农业生产劳动实践

　　农业生产劳动是指农民在农村种植、养殖和耕作等方面的劳动活动，也就是日常所说的农活。在农业劳动过程中，既有直接从事农副产品生产的劳动，又有紧密围绕生产需要，改善农业生产条件和进行农业社会化服务的劳动；既有直接从事各项生产活动的体力劳动，又有与直接生产活动有密切关系的科技、管理方面的脑力劳动。农业生产成果，正是各种不同劳动的综合成果。

　　农业劳动季节性强。农业生产的对象是有生命的动植物，生产过程是持续不断的，而劳动过程是间歇中断的。这种生产时间和劳动时间的不一致性，构成了忙闲不均的农业劳动季节性。农忙时需要投入大量的劳动力进行突击，农闲时劳动的门路不多，为了充分利用丰富的农业劳动力资源，除了在农业中开展多种经营外，同时还可以实行农业与非农产业的兼业经营。

　　农业劳动的变动性大。农业生产受自然条件的影响很大，经常需要随着气候、土

模块五　养成良好的劳动习惯和品质

壤、生物的变化而作出相应的变动。在正常的情况下，农业经营决策和农业劳动的安排应该具有充分的自主性和灵活性。在农业生产中，日常的农业劳动一般不能直接取得农产品，但日常的农业劳动的数量和质量与农业生产的最终成果——农产品的关系十分密切。

农业生产劳动是劳动者按照一定的经济目的，从事农、林、牧、副、渔业生产，创造物质财富和精神财富的过程。农业生产的特殊性决定了农业劳动具有劳动场所分散、季节性强、生产周期长等方面的特点。因此，在组织大学生进行劳动实践时，要紧密结合当地的气候、地形、水源和土壤情况，开展农业生产劳动。

> **学习目标**
> 知识目标：了解农业生产劳动的类型和生产劳动过程。
> 技能目标：具有从事农业劳动的能力和对农作物、畜牧业等常规性劳动和机械的操作能力。
> 素养目标：具有对大自然的热爱和敬畏之情，培养脚踏实地的实干精神和创新精神，具有对传统农耕文化的传承精神。

任务1　劳动成果展示——农业管理

一、任务目的

使学生了解农业管理的主要工作内容，从规划种植、成长、收获、出售等环节了解农业种植的相关知识，根据季节、当年的作物种植政策、产量、需求等进行合理种植并有效管理，学会使用常用田间管理设备和方法进行劳作。提升学生思考问题、解决问题的能力，以及整体规划能力，培养学生农业劳动安全意识，体会劳动的艰辛，珍惜劳动成果。

二、任务要求

（1）细心观察，对农具进行创新改造。

（2）农业生产离不开环境，环境对农业生产的影响非常大。因此，在农业生产中，必须重视农业生产环境的建设和保护，要注重采用环境友好型的农业生产方式和方法，同时也要加强资源和环境组合的协调性，以避免对环境造成污染和损害。

（3）科技是现代农业的重要驱动力，对于提高农业生产效率和生产质量起着至关重要的作用。因此，科技的使用已经成为现代农业生产的必要条件。我们要加强科技

165

创新，发展和推广现代化农业技术，并逐步借助互联网的智能化农业生产技术，刺激更多科技创新步入农村。

（4）每个人根据自身条件和气候条件等，选择农业、畜牧业、农产品加工等劳动项目进行劳动体验，合理进行农业种植管理，并拍摄短视频，对乡村建设进行宣传。

（5）不影响正常生产劳动，注意人身安全，安全正确地使用仪器设备。

三、任务内容

（1）充分了解该作物不同生长阶段的习性，包括对温度、光照、水分、土壤、肥力等条件的要求，以及可能发生的病虫害等问题。

（2）持续做好观察和管理，为作物生长提供有利条件，包括杂草清理、浇水、施肥、病虫害防治等，等待长成壮苗，做好拍照记录。

（3）持续做好观察和管理，等待开花结果（不开花不结果的作物除外），做好拍照记录。

（4）与他人分享自己的劳动点滴，请对方作出评价，回顾整个过程，撰写劳动总结。

四、任务实施

劳动成果展示——农业管理			
具体任务	内容	存在的问题	解决办法
任务实施	（1）准备：手机、自拍杆、三脚架等拍摄工具，农用工具。 （2）分享：线上平台分享作品，以图片、视频、文字等多种形式进行分享		
过程记录			
任务总结			

模块五　养成良好的劳动习惯和品质

五、任务评价

专业	
组名	
成员	
任务体会	
学生自评 （50分）	评语： 分数：
教师评价 （50分）	评语： 分数：

任务2　劳动成果展示——非遗传承

一、任务目的

非物质文化遗产，简称非遗，是指各族人民世代相传，并视为其文化遗产组成部分的各种传统文化表现形式，以及与传统文化表现形式相关的实物和场所。非物质文化遗产是文化多样性中最富活力的重要组成部分，是人类文明的结晶和最宝贵的共同财富，承载着人类的智慧、人类历史的文明与辉煌。非物质文化遗产包括民间文学、传统音乐、传统舞蹈、传统戏剧、传统曲艺、传统体育和游艺、传统杂技、传统美术、传统技艺、传统医药、民俗等。

大学生根据自己兴趣和所在区域的非物质文化遗产类型进行学习，并利用自己的特长进行宣传发扬。在感知、体验中了解当地的历史文化，激发爱国、爱家乡的热情。在传统民间文化的滋养中，培养对传统民间文化的兴趣，提升文化自豪感和自信心。

二、任务要求

（1）认真学习非物质文化遗产知识，提高对非物质文化遗产的了解和认识。

（2）根据所在地区的非物质文化遗产类型，选择一种进行学习，并使用手机、相机等做好记录，编辑短视频，通过网络平台对非遗文化进行宣传。

三、任务内容

（1）通过走访、调研等方式，了解当地非遗文化，虚心向非遗传承人学习。

（2）利用周末或节假日，至少学习一种家乡的非物质文化遗产，记录学习过程，并在教学平台展示学习成果。

（3）拍摄非遗文化宣传视频，并进行推广，让身边更多的人了解传统文化。保护文化多样性、传承优秀文化传统，并促进旅游文化发展。

四、任务实施

劳动成果展示——非遗传承			
具体任务	内容	存在的问题	解决办法
任务实施	（1）准备：手机、自拍杆、三脚架等拍摄工具。 （2）分享：线上平台分享作品，以图片、视频、文字等多种形式进行分享。		
过程记录			
任务总结			

模块五　养成良好的劳动习惯和品质

五、任务评价

专业	
组名	
成员	
任务体会	
学生自评 （50分）	评语： 分数：
教师评价 （50分）	评语： 分数：

主题三　专业生产劳动实践

中国有句古语"耳闻之不如目见之，目见之不如足践之"，习近平总书记曾多次引用。习近平总书记也引用过马克思的一句名言："一步实际行动比一打纲领更重要。"其实这两句话讲的是同一个道理，即"行胜于言"。对于新时代大学生来说，"行"最主要的就是专业实践。专业实践是培养青年的重要载体，既能帮助青年在专业实践过程中了解社会、融入社会，又能使青年在服务社会中提高自身专业技能和综合能力，进而认识到专业实践这种高水平专业劳动的重要性。随着智能制造时代的到来，大量新技术、新工艺、新创意被率先运用于生产工艺流程和生产岗位，在专业技能上引发了突破性的革新和革命。高校专业实践课的操作性强、大量运用机器、技术技能要求高的工作特质呼吁学生关注本专业。

国务院于 2015 年印发《中国制造 2025》战略文件，这是我国实施制造强国战略的第一个十年的行动纲领，意在推动新一代信息技术和传统制造业深度融合，实现制造业跨越式发展，实现我国由"制造业大国"向"制造业强国"的蜕变，是实现中国制造强国梦的重要路径。对于大学生来说，通过专业实践提高在制造业领域的职业能力水平至关重要。国家对制造业技术能力要求的提升，将促进高端制造业的快速发展，并将加快高校培养高素质专业技术人才的步伐，加快调整人才培养模式，培养高技能人才。在学生方面，社会实际需求对学生的知识技能结构的调整有着重要的影响，如我国目前高层次人才，尤其是复合型人才缺乏，导致就业结构滞后于产业结构，这就需要广大高校学生在进入社会之前，充分利用专业实践的机会，深入社会需要的产业进行充分实践，磨炼技能技艺，使自己成为复合型人才。

学习目标

知识目标：了解本专业基本情况，校内所学理论实践知识与工作实践的联系，使学生对本专业有一定的感性认识。

技能目标：具有一定的组织管理、表达和人际交往能力，具有积极参与、团结向上的团队协作精神，形成立足本专业关心社会、献身国家建设的价值取向。

素养目标：学习不同岗位工作人员对生产的高度责任感，对工作尽职尽责、不断进取创新的奉献精神，培养求真务实的科学态度、踏实肯干的工作作风、科学的思考及创新精神。

任务 1　劳动成果展示——生产实习

一、任务目的

生产实习是理论知识和实际工作实现更好对接的有效途径。学生以实际工作者的身份，直接参与生产过程，既可运用已有的知识技能，完成一定的生产任务，又可学习实际生产技术知识或管理知识，掌握生产技能，或培养管理能力，并且通过实习巩固、丰富与提高理论知识。

同时，生产实习也是学生进行思想政治和道德品质教育的有效途径。在生产实习中，可以具体生动地对学生进行劳动观点、爱护公共财物、组织性和纪律性、职业道德等方面的教育。

模块五　养成良好的劳动习惯和品质

通过生产实习，对学生的专业知识、实际技能水平，为社会主义建设服务的专业思想，社会主义劳动纪律与职业道德，以及教师的教学效果和思想工作，进行一次综合性的社会检验，学生能够熟悉实际生产情况，积累经验，掌握生产技术。

二、任务要求

（1）参加生产劳动实践的学生按照各自岗位内容及职责要求，了解基本的实践工作过程，所用工具（机器、仪器、设备）的使用方法、调试或检测技术等，以及听从实习单位相关人员的指导。

（2）参加生产劳动实践的学生跟班劳动或独力工作时，注意用水、用电等安全，一定遵守实习单位要求，安全生产。

三、任务要求

（1）专业生产劳动实践结束后，撰写实践报告，并在线上进行汇报交流。

（2）提交与本项目相关的活动图片，通过线上教学平台、网络等进行成果展示，可以编辑视频记录实践过程和体会。

四、任务实施

劳动成果展示——生产实习			
具体任务	内容	存在的问题	解决办法
任务实施	（1）准备：手机、自拍杆、三脚架等拍摄工具；实习用品。 （2）分享：线上平台分享作品，以图片、视频、文字等多种形式进行分享		
过程记录			
任务总结			

五、任务评价

专业	
组名	
成员	
任务体会	
学生自评 （50分）	评语： 分数：
教师评价 （50分）	评语： 分数：

任务2　劳动成果展示——专创融合

一、任务目的

通过创新创业基础与实践课程学习，与专业结合，发现专业劳动工具或者工作流程中的问题，并用创新思维、创新方法解决问题，最终设计创新项目。专创融合可以使大学生了解创新创业的思路与方法，帮助大学生激发创新创业热情，培养创新精神、创业意识、创造能力，在创新创业中增长智慧才干，在艰苦奋斗中锤炼意志品质；使大学生深化对专业学习和劳动、奋斗的认知，体验创新创业过程的艰辛及劳动创造带来的收获。

二、任务要求

（1）发现专业生产劳动过程中存在的问题，并使用创新思维方法解决问题，可以是对工具、工艺流程、产品的改造，也可以是程序的升级、艺术作品的创新等。

（2）通过创新项目，对接"互联网+"创新创业大赛，引导学生认真学习有关创新创业大赛的通知，了解其细则及要求，包括赛程安排（初赛、复赛、决赛）、参赛对象、项目要求、参赛方法、评审规则、奖项设置等,对项目进行打磨,并参赛。

(3)制订详细的项目计划书:进行充分的市场调研,分析项目目标市场容量及市场前景,注重项目运行、财务管理和盈利模式的合理性、可行性,以及预期效益、市场竞争运营风险、可提供的就业岗位等。

(4)了解有关大学生创新创业的支持政策,如鼓励大学生创新创业的资金支持和政策保障、税收减免的优惠政策,提前做好大学生创业咨询等创业准备工作。

三、任务内容

本劳动实践项目具有高阶性、挑战性和周期性,其任务主要为(不限于)以下三个方面。

(1)结合专业特点和自身兴趣特长,策划创新创业项目,以团队的方式参加有关方面组织的各类创新创业活动或比赛项目,如教育部等主办的中国"互联网+"大学生创新创业大赛、科技部等主办的中国创新创业大赛、共青团中央等主办的"创青春"全国大学生创业大赛,以及各省、市和高校举办的大学生创新创业大赛。

(2)结合自身专业特长和未来职业发展,进行充分、精准的市场调研,以某项具有良好市场前景的创新创业项目,如技术研发、商业模式、产品服务、管理运营、市场营销、工艺流程等,作为团队创业就业的依托形式。

(3)具有知识产权保护意识,并能够对创新项目的知识产权进行保护,如申请专利、注册商标、注册公司等。

四、任务实施

劳动成果展示——专创融合			
具体任务	内容	存在的问题	解决办法
任务实施	(1)准备:发现并解决专业生产中的问题,做好团队参加各类"互联网+"创新创业大赛准备工作。 (2)记录:使用手机等拍摄工作记录团队项目孵化过程。 (3)分享:线上平台分享作品、项目计划书、比赛活动实施PPT等资料		
过程记录			
任务总结			

五、任务评价

专业	
组名	
成员	
任务体会	
学生自评 （50分）	评语： 分数：
教师评价 （50分）	评语： 分数：

主题四　服务性劳动实践

随着社会的发展和经济的增长，人们对服务性劳动的需求不断增加。为了满足人们对高质量服务的需求，开展服务性劳动项目实践具有重要意义。大学生在走向社会、

模块五　养成良好的劳动习惯和品质

接触社会、了解社会之前通过服务性劳动实践培养大学生的社会责任感和实践能力，让他们在为社会、为他人服务的过程中收获成长与锻炼。通过参与各类服务性劳动，大学生可以增强自己的团队合作能力、社会交往能力、沟通能力等综合素质，为未来成为优秀公民和社会中坚力量打下基础。

参与社区管理，协助社区出墙报、清洁楼道、捡拾垃圾等活动，清理绿化带内随意丢弃的垃圾；清理社区内墙面上张贴的广告；服务孤老，为社区孤寡老人做家务；收集社区废品卖掉，将赚的钱用于社区公共建设；开展读书学习互助活动，帮助和指导社区内的小朋友开展读书、学习活动。

学习目标

知识目标：了解服务性劳动的类型和基本知识。

技能目标：具有校内公共空间和校外服务社会的劳动能力。

素养目标：培养学生服务他人和社会的热情和劳动情怀，以及关爱他人、热爱集体、敢于担当、敢于奉献的良好品质。

任务1　劳动成果展示——敬老扶残

一、任务目的

志愿者通过慰问空巢老人、残疾人、八一敬老院等需要社会关怀的群体，为他们带去生活用品，并详细询问他们的日常生活和身体健康状况，帮助空巢老人和残疾人打扫庭院、修整菜园、清理室外垃圾，积极协助他们解决困难、办实事、献爱心，让空巢老人和残疾人感受到关心和关爱，增强居民群众的获得感、幸福感和安全感。大学生通过志愿者活动，为社会增添一丝温暖，同时提升大学生的劳动成果认同感和劳动幸福感，从而增强学生的自信心，使学生热爱劳动、积极参与劳动。

二、任务要求

（1）熟悉敬老助残服务者的职业道德及各项规章制度，了解老年人和残疾人的需求，能使用各种工具和设备进行精准服务。

（2）掌握社会服务知识和服务技能，提升分析社会问题的能力，为解决相关问题提出可操作方案。

（3）树立强烈的社会责任感和助人为乐、无私奉献的观念。

（4）具备敢于担当的品质，弘扬中华优秀传统文化。给予老年人、残疾人、革命前辈等特殊社会群体情感关怀、生活照顾。

（5）辅助居委会工作人员，配合他们的日常工作，帮助他们完成任务，包括整理资料、接听电话、做好会议记录、向社区人民宣传法律意识等。

（6）走访社区空巢老人和八一敬老院，聆听革命前辈讲红色故事，激发大学生努力奋斗，珍惜来之不易的幸福年代，努力学习技能，为社会更好地作贡献。

三、任务内容

让需要关怀的社会群体感受到来自社会的关怀，弘扬中华民族尊老、敬老、爱老，关爱弱势群体的传统美德，传递社会正能量，体现大学生良好的精神风貌和勇于担当的社会责任。

（1）问候与关心：向老人们表示问候，关心他们的身体健康和生活状况，询问他们的需求和愿望。

（2）陪伴与交流：与老人们进行亲切的交流，聆听他们的故事和经历，分享自己的生活见闻，让他们感受到被尊重和被重视。

（3）文娱活动：组织一些文娱活动，如唱歌、跳舞、表演等，为老人们带来欢乐和娱乐，增加他们的生活乐趣。

（4）礼物赠送：为老人们准备一些小礼物，如水果、书籍、日用品等，表达对他们的关爱和祝福。

（5）健康关怀：提供一些健康咨询和知识，如营养饮食、适当的运动等，帮助老人们保持身体健康。

（6）心理慰藉：对于一些孤独寂寞或心理上需要关怀的老人，可以提供心理支持和安慰，让他们感受到温暖和安心。

总之，敬老院慰问老人的内容应该是多方面的，既要关心他们的身体健康和生活需求，也要给予他们精神上的慰藉和关怀。

四、任务实施

劳动成果展示——敬老扶残			
具体任务	内容	存在的问题	解决办法
任务实施	（1）准备：手机、自拍杆、三脚架等拍摄工具；提前与社区、敬老院等对接，做好帮扶准备。 （2）分享：线上平台分享心得体会，呼吁社会关注需要关爱的群体		

续表

劳动成果展示——敬老扶残			
具体任务	内容	存在的问题	解决办法
过程记录			
任务总结			

五、任务评价

专业	
组名	
成员	
任务体会	
学生自评 （50 分）	评语： 分数：
教师评价 （50 分）	评语： 分数：

任务2　劳动成果展示——"三下乡"助力新农村建设

一、任务目的

随着国家乡村振兴战略部署的深入推进，大学生立足专业所长，开展助力乡村建设活动，其意义重大。大学生作为社会主义的建设者和接班人，利用"三下乡""寒暑假返乡"等渠道积极参与到乡村建设中，发挥知识丰富、思维活跃、视野开阔的优势，从小事着手，真抓实干，结合村情和工作实际，争当乡村建设的宣传员、参谋员、服务员、办事员，为助力乡村建设，实现"生活富裕，环境优美，文明礼貌，幸福和谐"贡献自己的微薄之力。

为进一步激发大学生成长成才的主动性，增强大学生建设祖国的责任感和使命感，各专业组织志愿者团队进行"三下乡"社会实践任务。

二、任务要求

（1）了解乡村振兴战略，掌握乡村建设的方法。
（2）提高专业技能，积极参与助力乡村建设工作。
（3）提升独立思考能力和创新能力。
（4）树立扎根基础志愿服务意识，强化劳动精神，增强对美好生活的热爱。

三、任务内容

本劳动实践项目具有高阶性、挑战性和周期性，其任务主要为（不限于）以下四个方面。

（1）目前，农村地区的交通、医疗条件已得到极大改善，但是人们的健康观念仍需要转变，需要引导村民养成良好的个人卫生习惯。

（2）宣传安全、合理用药的理念。医学类专业学生利用专业特长，为当地村民宣讲医疗卫生知识、药物正确服用方法、遵医嘱等常识。强调生病了一定要及时去正规医院就医，切勿自行乱用药。

（3）各专业学生根据专业特点，有针对性地开展技术服务，例如，机电类学生主动为村民维修家电和农耕设备；计算机类学生为村民的网络设备进行检修与维护；农林建筑类学生为村民宣讲村庄规划、建设、生态环境、水土保持等方面的内容。

（4）各小组设计脚本，拍摄乡村宣传短视频，对美丽乡村建设进行宣传，让更多的人关注农村的发展与建设。

四、任务实施

具体任务	内容	存在的问题	解决办法
任务实施	（1）准备：手机、相机等拍摄工具，防晒用品、常用药物、科普宣讲物品等。 （2）记录：小组合作完成，记录实践过程。 （3）分享：线上平台分享作品乡村建设短视频，并分享心得体会，不少于500字，要求图文并茂		
过程记录			
任务总结			

表头：劳动成果展示——"三下乡"助力新农村建设

五、任务评价

专业	
组名	
成员	

续表

任务体会	
学生自评 （50分）	评语： 分数：
教师评价 （50分）	评语： 分数：

参 考 文 献

[1] 刘向兵．劳动通论［M］．2版．北京：高等教育出版社，2021．
[2] 陈宇，高庆芳．劳动教育［M］．北京：人民邮电出版社，2022．
[3] 邱璟，李民．大学生劳动教育［M］．北京：人民邮电出版社，2023．
[4] 刘国胜，柳波，袁炯．大学生劳动教育［M］．北京：人民邮电出版社，2021．
[5] 班建武，曾妮．大学生劳动教育［M］．北京：人民邮电出版社，2021．
[6] 刘月梅，王小锋．创新创业基础［M］．上海：上海交通大学出版社，2020．
[7] 吕罗伊莎，王调品，刘桦．劳动教育教程［M］．北京：北京师范大学出版社，2021．
[8] 刘丽红，罗俊，黄海军．大学生劳动教育［M］．北京：新华出版社，2022．
[9] 惠斌，张啩啩．大学生劳动教育实践活动评价手册［M］．上海：上海交通大学出版社，2022．
[10] 杨烁．大学生劳动教育与实践教程［M］．成都：电子科技大学出版社，2022．
[11] 张茜，王荔，赵丽娟．大学生劳动教育实用手册［M］．重庆：重庆大学出版社，2021．
[12] 王建东，易云丽，刘琳靖．大学生劳动实践指导手册［M］．重庆：重庆大学出版社，2022．
[13] 安鸿章．劳动简论［M］．北京：北京理工大学出版社，2021．